Markus Plein

Markus Plein

Amuse Gueule

Die Explosion Ultimativen Genusses

el!x

INHALT

Wenn nicht anders angegeben, Rezepte für 4 Amuse Gueules

VORSPEISEN

Frühstückstraum
Trüffelrührei aus der Schale 6
Minisandwich 6
Früchteterrine mit Quarkzabaione 7

Antipasti
Auberginen-Ratatouilleroulade 9
Gefüllte Minipaprika 10
Mariniertes Gemüse 11

Da haste den Salat!
Bunter Salat mit verschiedenen Waldpilzen 13
Lauwarmer Kartoffel-Gurkensalat mit gegrilltem Hummer . 13
Trockentomaten-Roquettesalat mit gebackener Käsepraline 14

Spargeltarzan
Spargelchatreuse 15
Gebratene Scampi auf grün-weißem Spargelragout 16
Spargel im Blätterteig mit Hollandaise überbacken 17

Selbst gesucht & gefunden
Bärlauchsüppchen mit Bärlauch-Kartoffelroulade 19
Weinbergsfeldsalat mit Kartoffel-Speck-Kräuterdressing .. 20
Sauerampfergnocchis mit Roquefortsauce überbacken 21

Aus der Schale in den Mund
Mini-Muscheltopf 23
Kleine Austernravioli in einem Parmesansud 24
Jakobsmuschelcarpaccio mit Salbeipesto
und Parmaschinken 25

Mosel-Sushi
Wan Tan Nudeln asiatisch 27
Sushirolle 28
Sushi im Carpaccio 28

Suppeninfusion
Kartoffel-Sauerkraut-Süppchen mit gebackener Blutwurst . 30
Kürbissüppchen mit gebratener Kürbis-Kartoffelrösti 30
Dornfelder Traubensüppchen mit Pilz Wan Tan 31

Terrinenschmaus
Kalbskopfcarpaccio mit gebratenem Kalbskopf 33
Tafelspitzsülzchen auf einem Tafelspitz Confit 34
Seezungen-Meeresfrüchteterrine
auf Tomaten-Safran Fumet 35

ZWISCHENGERICHTE

Friedhof der Krustentiere
Hummergratin auf frischem Spargelragout 39
Garnelen im Kartoffelmantel 40
Shrimpssülzchen mit Tomaten-Estragonvinaigrette 41

Aus Milch wird Käse
Walnüsschen mit hausgemachtem Käse gratiniert 43
Schwarze Nuss-Käse- Mille Feuille 43
Wan Tan Käsepraline 43

Übern Pazifschen Ozean
Laksa 45
Medley aus dem Meer 46
Asiatisches Langustinocarpaccio 46

Heimatnah
Kappestertisch mat Bouch 48
Döppenlappes 49
Gebohrtenen 49
Wurst aus dem Wok 51

Aus Pleins Imbisswagen
Currywurst mit Pommes 52
Grillspieß mit Curryrisotto 53

Innere Pleinereien
Bries-Nierenpfännchen 54
Gebratene Leber auf Kartoffelschnee
mit glasierten Äpfelchen und Röstzwiebeln 55
Gänsestopfleber im Gewürztraminergelee 56

Eiskalt erwischt
Orangen-Basilikumsorbet auf Orangenfilets 58
Tomaten-Basilikumsorbet auf süßem Tomatenconfit .. 58
Thymian-Himbeersorbet auf Beerensalat 59

Spanien olé
Paella 60
Gazpacho 61
Schwertmuschelspieß mit Zitronengrasbuttersauce ... 62

Vegetarisch
Gemüseplätzchen mit einer Kräuter-Tatarensauce 63
Hausgemachte Spaghettinudeln im Steinpilz 63
Dreierlei Paprikamousse mit Tomatengelee-
Schnittlauchvinaigrette 65

Selbst Eingemachtes
Mixed Pickles mal ganz anders 66
Entenleberparfait 67

Forrest Food
Pilze à la crème aus dem Crêpe 68
Rinder-Pilz-Roulade 69
Steinpilzcarpaccio 69

Aus einem Topf
Minestrone 70
Serbische Bohnensuppe mit Cabanossiwürstchen 72
Irish Stew 72

Pasta? Basta!
Farfalle mit Speck-Parmesan-Sahnesauce 74
Schlutzkrapfen 74
Gratinierte Makkaroni mit frischem Trüffel 75

Tolle Knolle
Gefüllte Kartoffelrosette 76
Kartoffel-Kürbisgnocchis mit Minimangoldblättern .. 76
Kartoffelkrapfen mit Spinat-Parmesanfüllung 77

Mosel-Riesling zum Essen
Riesling-Schaumsüppchen mit Trauben im Weinteig 78
Gefüllte Schinkensäckchen 79
Riesling-Käse mit Schwarzer Nuss 80

HAUPTGERICHTE
Sternzeichen Fisch
Steinbutt mit Kartoffelschuppen,
Petersiliewurzelpüree und einer Nage 82
Gebratener Zander auf Schnippelbohnen- Kartoffelpüree . 83
Wels in einem Wurzelsud 83

Wild Things
Rehragout auf Schupfnudeln mit glasierten Walnüssen . . . 84
Wildschwein Mille Feuille 86
Hirschleber mit glasierten Äpfelchen und Röstzwiebeln . . . 86

Federvieh
Wildtaube auf Wirsinggemüse mit Kartoffelraute 87
Fasan mit süßem Kraut und Anna-Kartoffel 88
Rebhuhn mit glasierten Trauben und Rosmarinkartoffeln . 88

Kleine Schweinereien
Schweinegeschnetzeltes auf Kartoffel-Speckrösti 89
Schnitzelchen mit Pommes frites und Gemüse 90
Ragout Fin aus dem Nussbrottopf 90

Rinderwahnsinn
Rindercarpaccio mit Kürbis-Limonenvinaigrette 91
Mini-Rinderroulade mit kleinen blauen Kartöffelchen . . . 92
Rinderzunge mit Meerrettichsauce und Kartoffel-
Rosmarinpüree 92

Hier Exoten nicht verboten
Strauß im Garnelen-Koriander-Kartoffelmantel 93
Känguru aus der Jakobsmuschelschale 94
Krokodilroulade auf einem Bananen-Kokosnuss-Schaum . 94

Wolle Du Lamm?
Lammcarree mit Zucchinischuppen auf Ratatouillerosette . 95
Gefülltes Lammfilet auf Speckböhnchen mit
Rosmarinkartöffelchen 96
Lammcurry auf indischem Basmatireis 97

DESSERTS
Höllendunkel aber lecker
Halbflüssiger Schokoladenkuchen 99
Schokoladen-Marmorsoufflé
mit Vanille-Zitronengrassauce 100

Süss - Heiss - Einfach geil
Feigentarte zur Glühweinzabaione 101
Apfel-Rosinenstrudel mit Rosinen-Rum-Vanilleeis 102
Quittenconfit im Süßkartoffel-Gnocchiteig auf
Schokoladensauce 103

Eiszeit
Schokolade-Kürbiskern-Kegel auf Eierlikörschaum 104
Passionsfruchteis aus der Passionsfrucht 106
Mandarineneis aus der Mandarine 106

Rund um die Bohne
Geeister Cappuccino 108
Hausgemachtes Tiramisu auf einer Mokkasauce 108
Amaretti-Kaffeemousse mit einer gebackenen Hippe . . . 109

Petit Fours
Apfelküchlein mit einer Zimt-Mascarponesauce 110
Gebackene Holunderblüten mit heißer Vanillesauce 110
Engelshaar in einem Gewürztraminer Gelee 111

GRUNDREZEPTE
Schwarze Nüsse 113
Tomatenketchuprezept (Curryketchup) 113
Französische Salatsauce 113
Verschiedene Frit's 113
Nudelteig 114
Spaghetti 114
Kartoffelpüree 114
Balsamico-Reduktion 114
Nussbrot 114
Trockentomaten 114
Pesto 115
Pesto mit Chili 115
Vinaigrette 115
Braune Sauce 115
Gemüsefond 115
Fleischfond 116
Geflügelfond 116
Currysauce 116
Mayonnaise 116
Parmesanchips 116
Schinken 117
Riesling-Käse selbst gemacht 117
Soufflérezept 117

MENÜVORSCHLÄGE 119
MOTTO-DINNER
Dekoration Frühlings-Tisch 121
Dekoration Sommer-Tisch 123
Dekoration Herbst-Tisch 125
Dekoration Weihnachts-Tisch 127
Dekoration Plein-Style-Tisch 129
Dekoration Candle-Light-Tisch 131
Dekoration Asia-Tisch 133
Dekoration Party-Tisch 135
Dekoration Rustikaler Tisch 137

SERVICETEIL
Plein-Sammelsurium 139
Glossar 140
Register von A - Z 141
Impressum / Helping Hands 145

Amuse Gueule
Markus Plein

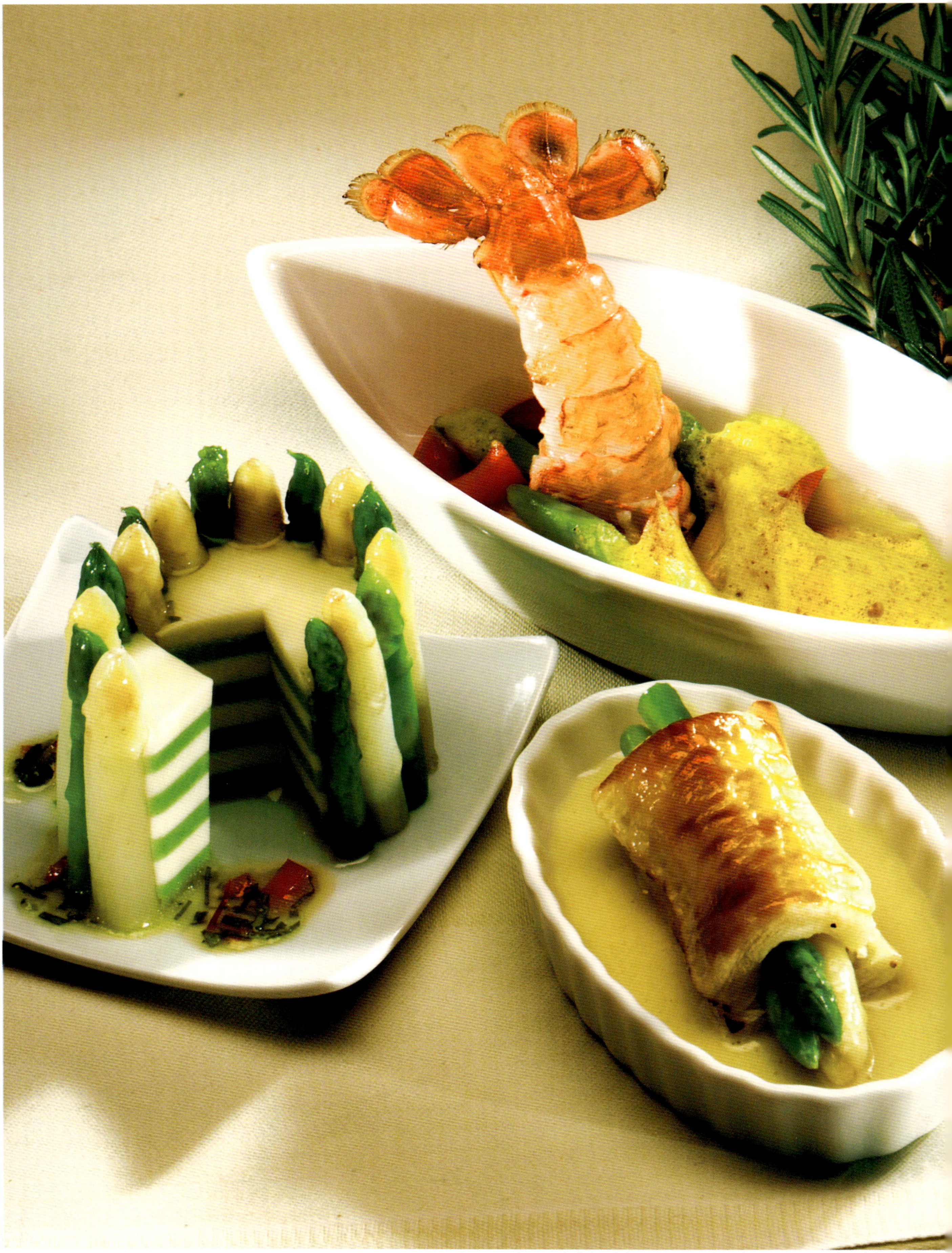

VORSPEISEN

❋ Frühstückstraum
❋ Antipasti
❋ Da haste den Salat!
❋ Spargeltarzan
❋ Selbst gesucht und gefunden
❋ Aus der Schale in den Mund
❋ Mosel-Sushi
❋ Suppen-Infusion
❋ Terrinenschmaus

FRÜHSTÜCKSTRAUM

Trüffelrührei aus der Schale

- 4 Grünlegereier
- 1 Tomate
- 30 ml Sahne
- 50 g geschnittener Kerbel
- 20 g Butter
- 30 g Trüffelstreifen
- Salz, Pfeffer, Muskat

Grünlegereier vorsichtig aufschlagen und in eine Schüssel geben. Tomate fein würfeln und mit der Sahne und dem Kerbel dazu geben und verrühren. In einer Pfanne Butter zerlaufen lassen und das Rührei hinein geben. Mit einem Holzlöffel ständig rühren. Abschmecken mit Salz, Pfeffer und Muskat. In den Eierschalen anrichten und Trüffelstreifen darüber streuen. Mit Kräutern und Tomatenschnitzen ausgarnieren. Servieren in einem Schälchen auf Heu.

Minisandwich

- 4 Toastbrotscheiben
- 2 Cherrytomaten
- 2 Essiggurken
- 4 Wachteleier
- 2 Scheiben Bacon
- 1 kleine Zwiebel
- 4 Salatblätter
- Tomatenketchup*
- Mayonnaise*

Toastscheiben rösten und je 2 Kreise mit ca. 5 cm Durchmesser ausstechen. Cherrytomaten und Essiggurken in dünne Scheiben schneiden. Wachteleier von beiden Seiten als Spiegelei braten. Baconscheiben von beiden Seiten goldgelb braten. Zwiebel schälen und in dünne Scheiben schneiden. Salatblätter klein zupfen, waschen und ausschleudern. Zusammensetzen nach dieser Reihenfolge: Toastbrotscheibe, Cherrytomatenscheibe, ein Löffel Ketchup, Essiggurkenscheibe, Wachtelspiegelei, Bacon-Scheibe zusammen gefaltet, Zwiebelscheibe, Salatblättchen, ein Löffel Mayonnaise, Toastbrotscheibe.

* Tomatenketchup > Seite 113
* Mayonnaise > Seite 116

FRÜHSTÜCKSTRAUM

Früchteterrine mit Quarkzabaione

- 1 Apfel
- Saft einer Zitrone
- Zucker
- Honig
- Gelatine (12 Blatt auf 1 l Flüssigkeit)
- 10 Amaretto-Rosinen
- Minze
- 1 Kiwi
- 2 cl Kiwischnaps
- 4 Erdbeeren
- 10 cl süßer Weißwein
- frische Minzeblätter
- 12 grüne Pfefferkörner
- 1 Mini-Ananas
- 2 cl Ananassaft
- Thymian, gehackt
- 2 cl Erdbeerschnaps

Apfel schälen, in Würfel schneiden und mit Zitronensaft mischen, damit sie nicht braun werden. Zucker und Honig in einer Pfanne karamellisieren lassen. Die Apfelwürfel mit dem Saft dazu geben und ein wenig einkochen lassen, Gelatine kalt einweichen und darunter geben, abschmecken. Rosinen unterheben. Nach Erkalten geschnittene Minzestreifen dazu geben.

Kiwi schälen und vierteln, Kerngehäuse entfernen. Das Fruchtfleisch klein schneiden und mixen, aber nicht zu lange sonst wird es grau. Gelatine in kaltem Wasser einweichen und in dem Kiwischnaps auf kleiner Flamme auflösen. Unter die Kiwimasse geben und abschmecken mit Zucker, Honig, Zitronensaft.

Erdbeeren putzen, waschen und klein schneiden. Zucker und Honig ganz hell karamellisieren lassen, die geschnittenen Erdbeeren dazu geben und mit dem Wein ablöschen. Nur ganz kurz erhitzen, damit die Erdbeeren nicht die Farbe verlieren. Mixen und durch ein Sieb passieren. Minze waschen, einzelne Blätter abzupfen und in dünne Streifen schneiden, dann in die Erdbeerflüssigkeit geben. Eingeweichte Gelatine in Erdbeerschnaps auflösen und unter die Erdbeerenflüssigkeit geben. Zum Schluss noch grüne Pfefferkörner hinein geben.

Ananas schälen, vierteln, den Strunk entfernen und Fruchtfleisch in Stücke schneiden. Zucker und Honig hell karamellisieren lassen, die Ananasstücke hinzu geben, ablöschen mit dem Ananassaft und süßem Weißwein. Durchkochen lassen und fein mixen, dann durch ein Sieb passieren.

Eingeweichte Gelatine in der Ananasflüssigkeit auflösen. Abschmecken mit Zitronensaft, Honig, Zucker. Thymian unterrühren.

Die Fruchtmassen abwechselnd in ein Glas einschichten, abdecken mit Folie und 2 Stunden kalt stellen.

Quarkzabaione

- 3 Eigelb
- 100 ml Milch
- 1 cl Kirschwasser
- 30 g Zucker
- 100 g Quark

Die Zutaten in eine Schüssel geben und im Wasserbad bei mittlerer Hitze schaumig schlagen. Dann Zabaione an die Terrinen angießen und mit Früchten und Beeren ausgarnieren.

Amuse Gueule
Markus Plein

Antipasti

Auberginen-Ratatouilleroulade

- 1 kleine Aubergine
- 3 EL Olivenöl
- 1 gelbe Paprika
- 1 rote Paprika
- 1 grüne Zucchini
- 1 Zwiebel
- 2 Knoblauchzehen
- 150 g Tomatenmark
- 50 ml weißer Balsamicoessig
- 50 ml Tomatensaft
- 1 Bund Basilikum
- 50 g Parmesan, gerieben
- Schnittlauch
- 4 kleine Chilischoten
- Salz, Pfeffer, Zucker

Aubergine längs in dünne Scheiben schneiden, mit Salz und Pfeffer würzen und von beiden Seiten in Olivenöl anbraten. Beiseite stellen. Paprikaschoten und Zucchini putzen, würfeln und in Olivenöl anschwitzen, Zwiebel und Knoblauch schälen, fein würfeln und dazu geben. Mit Tomatenmark abglasieren. Ablöschen mit Balsamicoessig und Tomatensaft und 3-4 Minuten köcheln lassen. Abschmecken mit Salz, Pfeffer, Zucker. Basilikum waschen, klein schneiden und dazu geben.

Das Ratatouille auf die Auberginescheiben streichen und zu einer Roulade zusammen rollen. Mit Parmesan bestreuen und kurz im Backofen überbacken. Schnittlauchfäden blanchieren und damit je eine Chilischote um die Roulade binden.

Amuse Gueule
Markus Plein

ANTIPASTI

Gefüllte Minipaprika

- 4 kleine Minipaprika
- 100 g Zwiebelwürfelchen
- 100 g bunte Paprikawürfelchen
- 100 g Zucchini in Würfel geschnitten
- 100 g Tomatenwürfelchen
- Öl
- 200 g gemischtes Hackfleisch
- 1 Brötchen eingeweicht in Milch
- verschiedene Kräuter fein geschnitten
- 2 Eier
- 20 g Senf
- Zitronensaft
- Salz, Pfeffer, Muskat

Von den Minipaprikaschoten einen Deckel abschneiden und Kerngehäuse entfernen. Zwiebel, Paprika, Zucchini und Tomaten in Öl anschwitzen und würzen mit Salz, Pfeffer, Muskat. Zusammen mit Hackfleisch, eingeweichtem Brötchen, Kräutern, Eiern und Senf verkneten. Abschmecken mit Salz, Pfeffer, Muskat, Zitrone. Die Masse in die Paprikaschoten füllen, Deckel aufsetzen und im Backofen ca. 10 Minuten garen. Mit frischen Kräutern garnieren.

Mariniertes Gemüse

- 1 Aubergine
- 1 Zucchini
- 1 rote Paprika
- 1 gelbe Paprika
- 4 Tomaten
- 4 Shiitake-Pilze
- 1 Karotte
- 4 Frühlingszwiebeln
- 1 Fenchel
- 1 Artischocke
- frische gehackte Kräuter
- Olivenöl
- Balsamicoessig
- 2 Knoblauchzehen
- 1 Stück Parmesan
- Speisestärke

Alle Gemüsesorten putzen und grob klein schneiden. In Olivenöl anbraten und gar dünsten. In ein Sieb schütten und den Fond auffangen. Gemüse in einen Steintopf einsetzen.

Den passierten Gemüsefond abschmecken mit Balsamico und Olivenöl, aufkochen, abbinden und über das Gemüse gießen. Knoblauchzehen schälen und in feine Würfel schneiden. Zusammen mit gehackten Kräutern darüber streuen und 24 Stunden ziehen lassen. Kunterbunt anrichten und Parmesan darüber hobeln.

Amuse Gueule
Markus Plein

OUBLE CONCENTRE
TOMATES 28-30%
CONCENTRATED
PASTE 28-30%
ZWEIFACH
28-30%
CONCENTRATO
28-30%
70g
71
GUARO

Da haste den Salat!

Bunter Salat mit verschiedenen Waldpilzen

- 3 Knoblauchzehen
- 80 g Salat putzen, ausschleudern
- 2 kleine Austernpilze
- Butter
- gehackte Kräuter
- 4 kleine Steinpilze
- Zitronensaft
- Totentrompetenpilze
- Französische Salatsauce*
- Salz, Pfeffer

Eine Knoblauchzehe schälen, in feine Streifen schneiden. Austernpilze in feine Streifen schneiden und zusammen in Butter anschwitzen. Mit Salz, Pfeffer und gehackten Kräutern abschmecken.

Knoblauchzehe fein würfeln. Zusammen mit den ganzen Steinpilzen in Butter anschwitzen und abschmecken mit Salz, Pfeffer und Zitronensaft.

Knoblauchzehe fein würfeln. Totentrompetenpilze waschen, ausschleudern. Zusammen in Butter anschwitzen und abschmecken mit Salz, Pfeffer und gehackten Kräutern. Salat marinieren und in kleine leere Tomatenmarkdosen anrichten. Die Pilzmassen daraufverteilen und mit frischen Kräutern ausgarnieren.

Französische Salatsauce > Seite 113

Lauwarmer Kartoffelgurkensalat mit gegrilltem Hummer

Lauwarmer Kartoffel-Gurkensalat mit gegrilltem Hummer

- 200 g Kartoffeln
- 100 ml Geflügelbrühe
- 30 ml Weißweinessig
- 1 Zwiebel
- 100 g Speck
- Öl
- 80 g Salatgurke
- 80 ml Sahne
- 50 g Dill
- 50 g Basilikum
- 50 g Schnittlauch
- 1 Tomate
- 1 Zitrone
- Salz, Pfeffer

Kartoffeln mit Schale kochen, pellen und in Würfel schneiden. Brühe kochend heiß darüber gießen, Essig dazu gießen. Zwiebel schälen, fein würfeln, Speck fein würfeln und zusammen in Öl anschwitzen. Gurke waschen, halbieren, das Kerngehäuse entfernen und in kleine Würfel schneiden. Die Sahne dazu geben. Dill, Basilikum und Schnittlauch klein schneiden. Tomate entkernen und in Würfel schneiden. Alle Zutaten mit den Kartoffeln verrühren. Abschmecken mit Salz, Pfeffer, Zitronensaft und Zitronenabrieb.

- 1 Karotte
- 1 halbe Stange Lauch
- 1 halbe Stange Sellerie
- 1 Zwiebel
- 1 TL Kümmel
- 1 Hummer
- 50 g Butter
- Zitronensaft
- frischer Basilikum
- Salz, Pfeffer

Gemüse putzen und klein schneiden. In Salzwasser mit Kümmel aufkochen. Den lebenden Hummer mit dem Kopf zuerst hinein geben. Ca. 2 Minuten ziehen lassen, heraus nehmen und in Eiswasser abschrecken und ausbrechen. Das Hummerfleisch in einer Pfanne kurz in Butter anschwitzen und würzen mit Salz, Pfeffer und Zitronensaft. Zum Schluss fein geschnittenen Basilikum darunter geben. Kartoffel-Gurkensalat im Kopfteil des Hummers anrichten, Hummerfleisch darauf setzen. Mit Lauchfrit* und Dillästchen garnieren.

Lauchfrit > Seite 113

Amuse Gueule
Markus Plein

DA HASTE DEN SALAT!

Trockentomaten-Roquettesalat mit gebackener Käsepraline

- 4 Wan Tan - Scheiben
- 1 Ei
- 1 Stück Käse nach Belieben
- 2 Trockentomaten*
- 2 EL Pesto*
- 1 Schwarze Nuß*
- Butter
- 200 g Roquette
- 2 EL Vinaigrette*

Wan Tan Blatt ausbreiten und mit Ei einstreichen, in die Mitte ein Stück Käse und ein Trockentomatenviertel legen, Pesto darüber träufeln. Eine Scheibe der Schwarzen Nuss darauf legen und alles zu einem schönen Bonbon einpacken. In der Pfanne mit Butter goldgelb anbraten und anschliessend 5-10 Minuten im Backofen backen.

Roquette putzen, waschen und ausschleudern. Die Blätter flach auf einem Tellerchen anrichten und die Vinaigrette darüber nappieren. Käsepraline und Trockentomaten darauf anrichten und die Pesto Sauce darüber gießen.

* Trockentomaten > Seite 114
* Pesto > Seite 115
* Schwarze Nuß > Seite 113
* Vinaigrette > Seite 115

Spargeltarzan

Spargelchatreuse

* 16 weiße Spargel
* 16 grüne Spargel
* 2 x 50 g Butter
* 200 g flüssige Sahne
* 1 Zitrone
* 6 Blatt Gelatine
* 100 ml Geflügelfond*
* Salz, Pfeffer, Muskat

Den weißen Spargel geschält und den grünen Spargel ungeschält von der Spitze an 7 cm lang abschneiden. Weiße und grüne Spargelenden getrennt in je 50 g Butter farblos anschwitzen und mit Sahne und Gemüsefond ablöschen. Würzen mit Salz, Pfeffer, Muskat und Zitronensaft und gar kochen. Dann pürieren und eingeweichte, ausgedrückte Gelatine darunter rühren.

Die Spargelspitzen getrennt in Salzwasser blanchieren und in Eiswasser abschrecken. Dann zum Trocknen auf ein Tuch legen. Den Innenrand einer kleinen Form mit weicher Butter einfetten. Hierzu eignen sich kleine Tomatenmarkdöschen mit heraus getrennten Deckeln und Böden. Dann grüne und weiße Spargelspitzen längs halbieren. Anschließend abwechselnd, die Spitzen nach oben zeigend und mit der Schnittseite nach innen aufrecht hinstellen. Weißes Mousse ca. 5 mm hoch einfüllen und anziehen lassen. Im Anschluss die grüne Mousse auch ca. 5 mm hoch einfüllen und anziehen lassen. Diese beiden Schritte wiederholen bis die letzten 5 mm vom Rand noch frei bleiben. Im Kühlschrank ca. 2 Stunden kühlen. Aus der Form heraus nehmen und aufgeschnitten anrichten.

* Geflügelfond > Seite 116

Amuse Gueule
Markus Plein

SPARGELTARZAN

Gebratene Scampi auf grün-weißem Spargelragout

- 200 g weißer Spargel
- 200 g grüner Spargel
- 1 Zwiebel
- 50 g Butter
- 100 ml Geflügelfond*
- 200 ml Sahne
- 1 Zitrone
- Speisestärke
- frische Kräuter: Kerbel, Estragon, Basilikum
- 4 Scampis
- Olivenöl
- 2 Knoblauchzehen
- Salz, Pfeffer, Muskat

Den weißen Spargel schälen. Anschließend weiße und grüne Spargelspitzen auf 7 cm Länge abschneiden. Den Rest der Spargelstangen schräg in dünne Scheiben schneiden.

Die Zwiebel schälen, in feine Würfel schneiden, in Butter farblos anschwitzen und mit dem Geflügelfond ablöschen. Anschließend Sahne hinzufügen und mit Salz, Pfeffer, Muskat und etwas Zitronensaft würzen. Die Hälfte dieses Fonds in einen zweiten Topf geben. In den einen Topf die weißen Spargelscheiben, in den anderen die grünen geben und beide Ragouts ca. 2 Minuten auf kleiner Flamme köcheln lassen. Mit der Speisestärke abbinden und 2 El gehackte Kräuter hinzugeben.

Die Spargelspitzen kurz blanchieren. In einer Pfanne Butter zerlassen und die Spargelspitzen anschwitzen. Mit Salz, Pfeffer und etwas Zitronensaft würzen.

Die Scampis bis zum Schwanz der Länge nach einschneiden. In sehr heißem Olivenöl anbraten. Die Knoblauchzehen schälen, klein würfeln und dazu geben. Das Basilikum fein schneiden und hinzugeben. Mit Salz, Pfeffer und etwas Zitronensaft abschmecken.

Scampisauce

- Scampischalen von den 4 Scampis
- Olivenöl
- 1 Karotte
- 100 g Sellerie
- ½ Stange Lauch
- 1 Zwiebel
- 150 g Tomatenmark
- 3 Knoblauchzehen
- 100 ml Weißwein
- 200 ml Brühe
- 200 ml flüssige Sahne
- frischer Thymian
- etwas Weinbrand oder Cognac
- Salz
- Pfeffer

Scampischalen in Olivenöl anschwitzen.

Das Gemüse putzen und klein schneiden, dazu geben und ebenfalls kurz anschwitzen. Tomatenmark zugeben und gut anbraten. Knoblauchzehen dazu geben und das Ganze mit dem Weißwein ablöschen.

Ganz kurz aufkochen, die Brühe und die Sahne angießen. Zum Schluss den gehackten Thymian unterheben, mit Salz und Pfeffer würzen und den Fond auf kleiner Flamme eine Stunde köcheln lassen. Um den Fond schön klar zu bekommen, gießt man diesen durch ein feines Tuch oder Haarsieb. Den passierten Fond nochmals aufkochen, leicht abbinden und abschmecken. Verfeinern mit Weinbrand oder Cognac.

Geflügelfond > Seite 116

ANRICHTEN

Jeweils einen Esslöffel weißes und grünes Spargelragout auf einem Teller nebeneinander anrichten. Abwechselnd die grünen und weißen Spargelspitzen mit den Spargelköpfen zum Tellerrand zeigend dazwischen legen. Die Scampi in Form eines kleinen Türmchens in der Tellermitte anrichten und mit der aufgeschäumten Sauce nappieren.

SPARGELTARZAN

Spargelchatreuse

Spargel im Blätterteig mit Hollandaise überbacken

Gebratene Scampi auf grün-weißem Spargelragout

Spargel im Blätterteig mit Hollandaise überbacken

- 500 g Blätterteigplatten
- 8 grüne Spargelstangen
- 8 weiße Spargelstangen
- 2 Eigelb

Die Blätterteigplatten in 5 cm Streifen schneiden und jeweils 2 grüne und 2 weiße Spargelstangen in den Blätterteig einrollen. Mit Eigelb einpinseln und bei 180° C ca. 5 Minuten goldgelb backen.

Hollandaise-Reduktion

- 2 Schalotten
- 1 Zitrone
- 15 Körner weißer Pfeffer (grob gestoßen)
- 4 El Essig
- ¼ l Weißwein
- 18 El Wasser
- 500 g Butter
- 12 Eigelb
- Salz, Cayennepfeffer

Die Schalotten und das Zitronenfleisch fein würfeln und zusammen mit dem Pfefferschrot, Essig, Wein und Wasser ca. 20 Minuten köcheln lassen und auf ein Drittel einreduzieren lassen. Den Sud durch ein Sieb oder ein Tuch passieren und etwas abkühlen lassen. In der Zwischenzeit die Butter schmelzen. Nun die Eigelbe mit der Reduktion und ein paar Tropfen frisch gepressten Zitronensaft in einem Wasserbad aufschlagen und anschließend langsam nach und nach die zerlassene Butter unterrühren. Mit Salz und Cayennepfeffer abschmecken.

ANRICHTEN:

Die Hollandaise zuerst in kleine Förmchen anrichten und die fertig gebackenen Spargel im Blätterteig daraufsetzen. Ausgarnieren und mit Butter abglasieren.

Amuse Gueule
Markus Plein

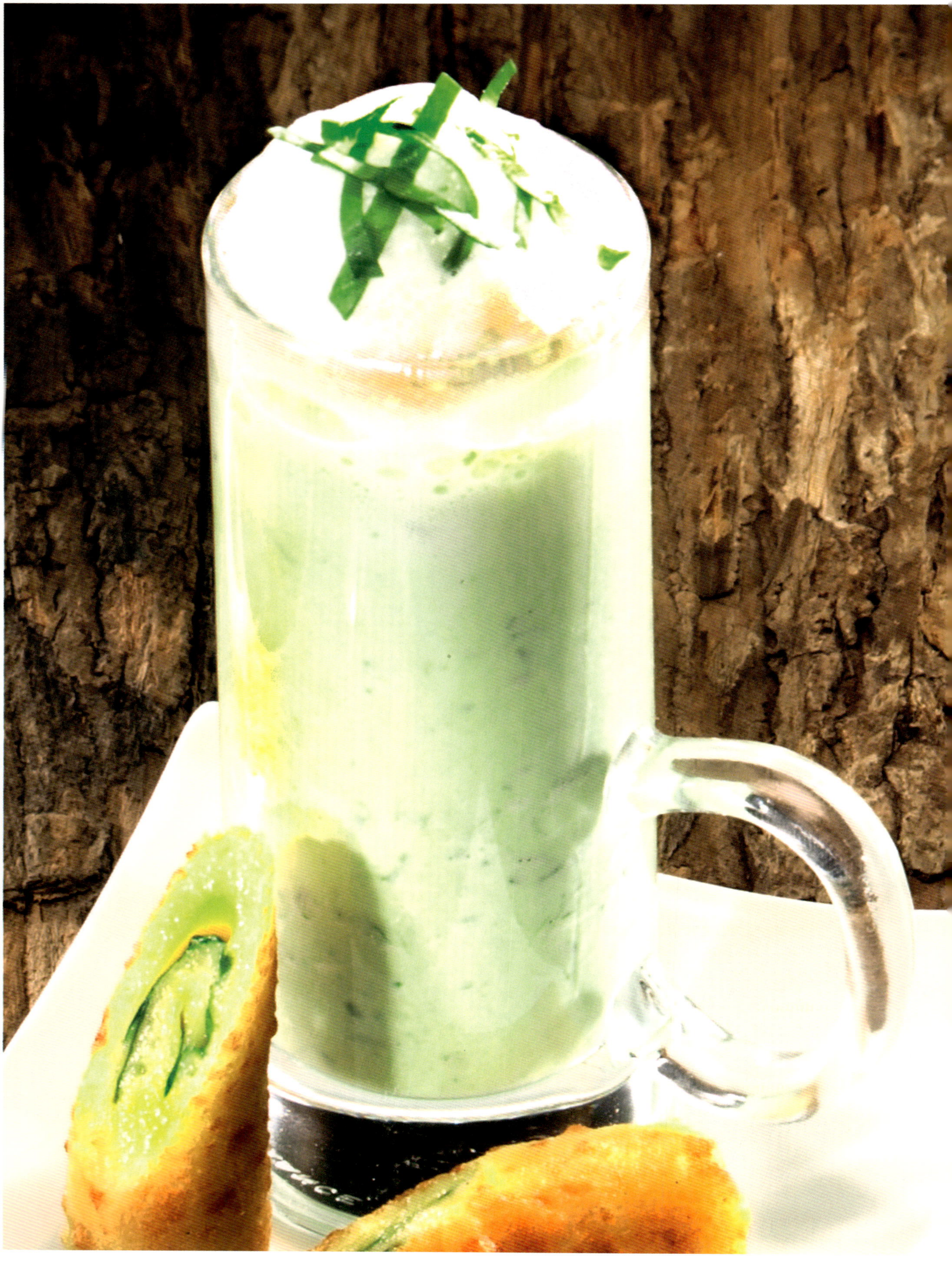

Selbst gesucht & gefunden

Bärlauchsüppchen mit Bärlauch-Kartoffelroulade

- 1 Zwiebel
- Butter
- 80 ml Weißwein
- 100 ml Geflügelbrühe
- 300 ml Sahne
- Speisestärke (in kaltem Wasser auflösen)
- 400 g Bärlauch
- Salz, Pfeffer, Muskat

Die Zwiebel schälen, fein würfeln und in der Butter anschwitzen. Mit Weißwein ablöschen und etwas einreduzieren. Anschließend die Geflügelbrühe dazu geben und nochmals einreduzieren lassen. Sahne unterrühren und mit Salz, Pfeffer und Muskat abschmecken. Mit Speisestärke abbinden, sodass eine sämige Grundsuppe entsteht. Den Bärlauch waschen und in Streifen schneiden und in die heiße Suppe geben. Mit einer Küchenmaschine oder mit dem Zauberstab mixen.

ANRICHTEN:

Die Suppe in Gläschen füllen und die Bärlauch-Parmesan-Rouladen dazu anrichten.

Bärlauch-Kartoffelroulade

- 400 g Kartoffeln
- 3 Eigelb
- 40 g weiche Butter
- ca. 300 g Mehl
- 200 g frischer Bärlauch
- 200 g Parmesan
- Butter
- Salz, Pfeffer, Muskat

Die Kartoffeln schälen, klein schneiden und in Salzwasser gar kochen. Anschließend trocken dämpfen und durch eine Spätzlepresse drücken. Eigelbe, Butter und Mehl dazugeben, mit Salz, Pfeffer und Muskat würzen und schnell zu einem Teig verarbeiten.

Den Bärlauch blanchieren, gut ausdrücken und fein schneiden. Den Parmesan darüber reiben und das Ganze gut vermischen. Mit Salz, Pfeffer und Muskat würzen.

Den Kartoffelteig ca. ½ cm dick ausrollen. Die Bärlauch-Parmesan-Mischung darauf verteilen. Links und rechts ca. 5 cm Rand lassen und mit Eigelb bestreichen. Die Masse zu einer festen Schnecke zusammen rollen und anschließend im Kühlschrank auskühlen lassen.

In ca. 1,5 cm dicke Scheiben schneiden und in Butter goldgelb ausbacken.

Amuse Gueule
Markus Plein

Weinbergsfeldsalat mit Kartoffel-Speck-Kräuterdressing

- 1 Zwiebel
- 50 g Speck
- Butter
- 50 ml Himbeeressig
- 50 ml weißer Balsamicoessig
- 1 EL Senf
- 100 ml Brühe
- 2 Pellkartoffeln
- 250 ml Walnussöl
- 1 Tasse gemischte, frische Kräuter
- 200 g Feldsalat
- Brotcroutons
- Speckcroutons

Zwiebel schälen und fein würfeln, Speck fein würfeln, zusammen in etwas Butter anschwitzen. In einer Schüssel bei Seite stellen. Himbeer- und Balsamicoessig zusammen mit dem Senf und der Brühe gut verrühren. Die Kartoffeln pellen und klein schneiden, dazu geben und mit dem Mixer zu einer sämigen Masse verarbeiten. Nun das Öl unter ständigem Mixen langsam einrühren. Zum Schluss die fein gehackten Kräuter zusammen mit der Speck-Zwiebel-Masse unterrühren und mit Salz und Pfeffer abschmecken.

Feldsalat putzen und waschen. Das Kartoffel-Speck-Dressing vorsichtig mit dem Feldsalat mischen. Den Salat in einem Mini-Gefäß anrichten. Frisch geröstete Brot- und Speckcroutons darüber streuen und mit Speckchips (fritierte Speckscheiben) und Selleriefrit* ausgarnieren.

*Selleriefrit > Seite 113

Sauerampfergnocchis mit Roquefortsauce überbacken

- 250 g Kartoffeln
- 2 Eigelb
- 30 g weiche Butter
- 150-200 g Mehl
- 200 g Sauerampfer
- Butter
- Salz, Pfeffer, Muskat

Die Kartoffeln schälen, klein schneiden und in Salzwasser kochen. Trocken dämpfen und durch eine Spätzlepresse drücken. Eigelbe, Butter und Mehl unterrühren. Mit Salz, Pfeffer und Muskat würzen. Sauerampfer waschen und klein schneiden, dazu geben und schnell zu einem Teig verarbeiten. Gnocchiteig zu Stangen ausrollen und in gleichmäßige Stücke schneiden. Die Stücke über einen Gabelrücken abrollen, so dass ein Muster entsteht. Mit dem Daumen eine Kuhle eindrücken, die nachher die Sauce auffängt. In Salzwasser abkochen und abschütten. In Butter braten und abschmecken mit Salz, Pfeffer, Muskat.

Roquefortsauce

- 1 Tomate
- 100 g Roquefort
- 2 Eigelb
- 100 g geschlagene Sahne
- verschiedene Kräuter fein geschnitten
- Zitronensaft
- Salz, Pfeffer, Muskat

Kerngehäuse aus der Tomate entfernen und Fruchtfleisch in kleine Würfel schneiden. Roquefort zerkrümeln und mit den anderen Zutaten verrühren. Abschmecken mit Salz, Pfeffer, Muskat, Zitronensaft. Gnocchis mit der Roquefortsauce nappieren und im Backofen bei 180° C 3 Minuten überbacken. Mit frittierten Auberginenstreifen ausgarnieren.

Amuse Gueule
Markus Plein

Aus der Schale

IN DEN MUND

Mini-Muscheltopf

- 200 g gemischte Muscheln (Miesmuscheln, Amandesmuscheln, Vongole, Venusmuscheln)
- 1 Karotte
- 1 Stück Sellerie
- 1 Stück Lauch
- 3 Knoblauchzehen
- 1 Zwiebel
- etwas Butter
- 2 kleine Dosen Tomatenmark
- 1 Chilischote
- 250 ml trockener Weißwein
- 1 Flasche Tomatensaft
- 1 Tomate
- frische Kräuter
- 1 Bund Basilikum
- 1 Stück Parmesan

Muscheln waschen, putzen, in ein Sieb schütten. Karotten schälen, würfeln, Sellerie schälen, würfeln, Lauch in Streifen schneiden und alles in einem Sieb abspülen. Knoblauch und Zwiebel schälen und klein schneiden. Gemüse in Butter anschwitzen, abgetropfte Muscheln dazu geben, mit Tomatenmark abglasieren. Würzen mit Salz, Pfeffer, gehacktem Chili. Mit Weißwein ablöschen, ein wenig kochen lassen und immer wieder rühren. Tomatensaft dazu geben und wieder köcheln lassen. Tomatenwürfel und gehackte Kräuter dazu geben und nochmals abschmecken. In Minitöpfen anrichten. Fein geschnittenen Basilikum und geriebenen Parmesan darüber streuen. Ausgarnieren mit Lauchfrit*, kleinen Chilis und frischen Kräutern.

*Lauchfrit > Seite 113

Amuse Gueule
Markus Plein

Kleine Austernravioli in einem Parmesansud

Nudelteig* herstellen und mit der Nudelmaschine dünne Bahnen ausrollen. Runde oder eckige Formen mit ca. 5 cm Durchmesser ausstechen.

- ✳ 4 Austern
- ✳ 50 g Butter
- ✳ 1 fein gewürfelte Knoblauchzehe
- ✳ 50 g Karottenwürfel
- ✳ 50 g Lauchwürfel
- ✳ 50 g Selleriewürfel
- ✳ Saft einer Zitrone
- ✳ 1 Ei
- ✳ Salz, Pfeffer

Austern mit einem Austernmesser aufhebeln und auf ein Sieb heraus schaben. Saft auffangen. Austernfleisch in Butter anschwitzen, Knoblauch- und Gemüsewürfel dazu geben. Abschmecken mit Salz, Pfeffer, Zitrone. Mit dem Austernsaft ablöschen, Butter zugeben und kochen lassen bis die Flüssigkeit eingekocht ist. In Abständen Austern mit Gemüse auf dem Nudelteig verteilen. Verquirltes Ei um die Muscheln pinseln, mit einer anderen Bahn abdecken und fest andrücken, dabei darauf achten, dass keine Luftblasen entstehen. Die Ravioli auf ein Blech mit Butterpapier setzen und kalt stellen.

* Nudelteig > Seite 114
* Karottenfrit > Seite 113

Parmesansud

- ✳ 50 g Kartoffelwürfel
- ✳ 50 g Selleriewürfel
- ✳ 50 g Lauchwürfel
- ✳ Salz, Pfeffer, Muskat, Curry
- ✳ 1 Stange Zitronengras
- ✳ 1 Stück Ingwer
- ✳ 1 Bund Basilikum
- ✳ 1 Stück Parmesan

Die Ravioli in ganz wenig Brühe mit Gemüsewürfeln köcheln. Abschmecken mit Salz, Pfeffer, Muskat und Curry. Zitronengras und Ingwer in einem tieferen Gefäß zusammen anrichten, Basilikum fein geschnitten darüber streuen, Parmesan darüber hobeln, ausgarnieren mit Karottenfrit* und einem schönen Parmesanstreifen.

Jakobsmuschelcarpaccio mit Salbeipesto und Parmaschinken

- 4 Jacobsmuscheln
- 1 Zitrone
- 1 Bund Salbei
- 50 ml Olivenöl
- 4 dünne Scheiben Parmaschinken
- geriebener Parmesan
- 50 g kleine Kartoffelwürfel
- Salz, Pfeffer

Jacobsmuschelmuskel in dünne Scheiben schneiden und nebeneinander auf kleine Schieferplatten platzieren. Würzen mit Salz, Pfeffer, Zitronensaft. Salbeiblätter abzupfen und in Olivenöl in einer Pfanne backen. Mit dem übrigen Öl mixen und mit Salz und Pfeffer abschmecken. Parmaschinken in dünne feine Streifen schneiden und mit dem Parmesan über die Jacobsmuscheln nappieren. Ausgarnieren mit frittierten Kartoffelwürfeln und einem frittierten Salbeiblatt.

Amuse Gueule
Markus Plein

Mosel-Sushi

MOSEL-SUSHI

Wan Tan Nudeln asiatisch

- 200 g Glasnudeln
- Sojasauce
- Tandorisauce
- Asiatische Fischsauce
- Chilisauce
- 20 g gehackte, geröstete Pinienkerne
- frische Korianderblätter
- frischer Ingwer
- geriebenes Zitronengras
- abgeriebene Schale einer Orange
- abgeriebene Schale einer Zitrone
- Honig
- Wan Tan-Teig (Asia Store)
- 4 kleine Chilischoten
- Salz, Pfeffer, Curry

Nudeln kochen, in eine Schüssel geben und abschmecken mit Salz, Pfeffer, Sojasauce, Tandorisauce, Curry, Fischsauce, Chilisauce, Pinienkernen, geschnittenem Koriander, geriebenem Ingwer, Zitronengras, Orangen- und Zitronenschale und Honig. Wan Tan-Teig mit einer Kelle in heißes Fett drücken so entstehen kleine goldgelbe gebackene Körbchen. Den Nudelsalat in die Körbchen füllen. Mit Chilischoten, Kräutern und Karottenfrit* ausgarnieren.

Amuse Gueule
Markus Plein

MOSEL-SUSHI

Sushirolle

- 1 Tasse Sushireis
- 1 ½ Tassen kaltes Wasser
- Reisessig
- 10 g Zitronengras
- 1 Stück Ingwer
- 1 Algenblatt
- Bambusstreifen
- Karottenstreifen
- 8 gekochte Garnelen
- Asia Sauce (Asia Store)
- Avocadostreifen
- Lauchstreifen
- Salz, Pfeffer

Sushireis mit kaltem Wasser aufstellen und unter ständigem Rühren zum Kochen bringen. Der Reis muss so lange kochen, bis das Wasser verkocht und der Reis gar ist. Abschmecken mit Salz, Pfeffer, Reisessig, Zitronengras und frisch geriebenem Ingwer. Algenblatt auf eine Sushimatte (Asia Store) legen. Den Reis gleichmäßig auf der Algenmatte verteilen. Bambusstreifen, Karottenstreifen, gekochte Garnelen, Asia Sauce, Avocadostreifen, Lauchstreifen darüber verteilen und mit der Matte fest einrollen. Im Kühlschrank auskühlen lassen und in Scheiben schneiden.

* Karottenfrit > Seite 113

Sushi im Carpaccio

- 1 Tasse Sushireis
- Salz, Pfeffer
- Reisessig
- 20 g Zitronengras
- frischer Ingwer
- 100 g Sojasprossen
- 1 Chilischote, fein gewürfelt
- 1 Banane, in Streifen geschnitten
- 1 Stück Bambus, in Streifen geschnitten
- ½ Avocado, in Würfelchen geschnitten
- Pak Choi Blätter (Asia Store)
- Currypaste
- 4 dünne Scheiben Thunfisch
- frischer Schnittlauch
- Salz, Pfeffer, Curry

Sushireis mit kaltem Wasser aufstellen und unter ständigem Rühren zum Kochen bringen. Der Reis muss so lange kochen, bis das Wasser verkocht und der Reis gar ist. Abschmecken mit Salz, Pfeffer, Reisessig, Zitronengras und frisch geriebenem Ingwer. Sojasprossen, frische Chiliwürfelchen, Bananenstreifen, Bambusstreifen, Avocadowürfelchen und Pak Choi in einem Wok anschwenken. Zitronengras und Ingwer hinein reiben. Abschmecken mit Salz, Pfeffer, Curry und Currypaste. Kleine Reisportionen mit dem Gemüse in der Mitte zu Reiskugeln rollen. Thunfischscheiben hauchdünn zwischen einer Klarsichtfolie plattieren und die Kugel damit einhüllen. Schnittlauch im Ganzen blanchieren und mit zwei Stängeln „verschnüren".

Die drei Sushigerichte in einem Bastkorb und geschnitztem Bananenblatt anrichten.

Suppeninfusion

SUPPENINFUSION

Kartoffel-Sauerkraut-Süppchen mit gebackener Blutwurst

- 1 Zwiebel
- 1 Knoblauchzehe
- 100 g Bauchspeck
- 50 g Butter
- 3 Kartoffeln
- 150 g Sauerkraut
- 50 ml Weißwein
- 250 ml Geflügelbrühe
- 150 ml Sahne
- Zitronensaft
- 50 g gehackte Petersilie
- 4 kleine Scheiben Blutwurst
- 50 g Mehl
- 1 Ei
- 100 g Paniermehl
- 4 schöne rohe Kartoffeln ausgehöhlt
- Salz, Pfeffer, Muskat

Zwiebel und Knoblauch schälen und klein schneiden. Bauchspeck in Würfel schneiden. Zusammen in Butter anschwitzen. Kartoffeln schälen und klein schneiden und mit dem Sauerkraut dazu geben. Mit Weißwein ablöschen und Brühe auffüllen und köcheln lassen. Sahne hinzu geben und nochmals köcheln lassen. Abschmecken mit Salz, Pfeffer, Muskat und Zitronensaft. Petersilie unterrühren. Die Wurstscheiben nacheinander in Mehl, Ei und Paniermehl wenden. Dann in Butter goldgelb von beiden Seiten braten. Die Suppe mit dem Zauberstab aufschäumen, mit der Blutwurst in die ausgehöhlten Kartoffeln füllen und mit Kerbel ausgarnieren.

Kürbissüppchen mit gebratener Kürbis-Kartoffelrösti

- 200 g Kürbisfleisch
- 3 Kartoffeln
- 1 Zwiebel
- 50 g Butter
- 150 ml Geflügelbrühe
- 400 ml Sahne
- Honig
- Zucker
- 100 ml süßer Weißwein
- 30 ml Kürbiskernöl
- 50 g geschälte Kürbiskerne
- Öl
- 50 g Koriander
- 4 kleine Zier- oder Esskürbise
- Salz, Pfeffer, Muskat

Rösti

- 1 Kartoffel
- 1 Stück Kürbis

Kürbisfleisch entkernen und klein schneiden. Kartoffeln und Zwiebel schälen und klein schneiden. Die Zwiebeln in Butter anschwitzen. Kartoffeln und 2/3 des Kürbisfleischs dazu geben und mit anschwitzen. Mit Brühe ablöschen und köcheln lassen. Sahne dazu geben und weiter köcheln lassen. Ganz fein durchmixen.

Den Rest Kürbisfleisch in einer Pfanne mit Honig und Zucker leicht karamellisieren. Mit dem Weißwein ablöschen, Kürbiskernöl dazu geben und fertig durchglasieren.

Die Kürbiskerne in einer Pfanne ohne Öl goldgelb rösten.

Kürbisfleisch und Kartoffel in ganz feine Streifen schneiden und mischen. Würzen mit Salz, Pfeffer, Muskat. In einer Pfanne Öl heiß werden lassen und die Kartoffel-Kürbismasse dünn in der Pfanne ausbreiten und goldgelb und knusprig von beiden Seiten braten. Von den kleinen Kürbissen einen Deckel abschneiden und das untere Teil aushöhlen. Die Suppe einfüllen. Die Kürbiswürfel und die gerösteten Kerne darauf verteilen. Den Rösti darauf legen und den Kürbisdeckel daran setzen. Mit Lauchfrit* garnieren.

*Lauchfrit > Seite 113

30

SUPPENINFUSION

Dornfelder Traubensüppchen mit Pilz Wan Tan

- 1 kleine Zwiebel
- 50 g Butter
- 200 ml roter Traubensaft
- 150 ml Geflügelbrühe
- 200 ml Sahne
- 300 g Dornfelder Trauben
- Zucker
- Honig, Salz, Pfeffer, Muskat

Zwiebel schälen, fein würfeln und in Butter anschwitzen. Mit Traubensaft ablöschen und köcheln lassen. Mit Brühe aufgießen und nochmals köcheln lassen. Sahne zugeben und noch einmal durchkochen. Dornfelder Trauben abzupfen, waschen und in die Suppe geben. Alles mit einem Zauberstab fein mixen und abpassieren. Abschmecken mit Salz, Pfeffer, Muskat, Zucker und Honig.

- 4 Shiitake Pilze
- 4 Austernpilze
- 4 Steinpilze
- 1 Knoblauchzehe
- ½ Zwiebel
- 1 Stück Ingwer
- 1 Stück Zitronengras
- 1 Orange
- 1 Zitrone
- Koriander
- Basilikum
- Thymian
- 50 g Butter
- 4 Wan Tan Blätter
- 1 Eiweiß
- Salz, Pfeffer, Muskat
- Curry

Alle Pilze putzen, Knoblauch und Zwiebeln schälen und klein schneiden. Ingwer schälen und fein reiben. Zitronengras, Orangen- und Zitroneschale fein reiben. Kräuter fein schneiden. Zwiebeln und Knoblauch in Butter anschwitzen, Pilze dazu geben und mit anschwitzen. Ingwer, Zitronengras, Orangen- und Zitronenabrieb und Curry dazu geben und mit anschwitzen. Geschnittene Kräuter dazu geben und abschmecken mit Salz, Pfeffer, Muskat, Orangen- und Zitronensaft. Die Masse auskühlen lassen. Anschließend in die Wan Tan Blätter verteilen, mit flüssigem Ei einstreichen und zu einem Päckchen einpacken. In der Friteuse goldgelb ausbacken. Die Suppe in ein Mini-Weinglas gießen und zusammen mit dem Pilz Wan Tan auf einer Schieferplatte anrichten.

Amuse Gueule
Markus Plein

Terrinenschmaus

TERRINENSCHMAUS

Kalbskopfcarpaccio mit gebratenem Kalbskopf

- 3 Schalotten
- 1 Karotte
- ½ Sellerie
- ½ Lauchstange
- 3 Wacholderbeeren
- 3 Pfefferkörner
- 1 Lorbeerblatt
- 400 g Kalbskopf
- Butter
- 1 Zwiebel
- 2 Knoblauchzehen
- 4 mittelgroße Essiggurken
- 3 EL Senf
- frische Petersilie
- frischer Kerbel
- Salz, Pfeffer, Muskat

Schalotten, Karotte, Sellerie und Lauch putzen und klein schneiden. Kalbskopffleisch mit Salz, Wacholderbeeren, Pfefferkörnern und Lorbeer gar kochen, heraus nehmen und auskühlen lassen. Fleisch würfeln und in Butter anschwitzen. Zwiebeln und Knoblauch schälen, fein würfeln. Essiggurken fein würfeln und zusammen dazu geben. Mit Senf abglasieren und mit Salz, Pfeffer und Muskat abschmecken. Petersilie und Kerbel klein schneiden und dazu geben. Eine Terrinenform mit Klarsichtfolie auslegen, die Masse einfüllen, pressen und kalt stellen bis sie fest ist.

Amuse Gueule
Markus Plein

Vinaigrette für das Kalbskopfcarpaccio

- ❋ 3 Schalotten
- ❋ Butter
- ❋ 1 Tomate
- ❋ 50 g Schnittlauch
- ❋ 50 g Basilikum
- ❋ 50 g Estragon
- ❋ 50 g Pimpernelle
- ❋ Walnussöl
- ❋ Haselnussöl
- ❋ Weinessig
- ❋ Salz, Pfeffer, Zucker

Schalotten schälen, in feine Würfel schneiden, in Butter andünsten und würzen mit Salz und Pfeffer. Tomate vierteln, Kerngehäuse entfernen und in Würfel schneiden. Alle Kräuter ganz fein schneiden. Öle und Essig zusammen aufschlagen.

Schalotten, Tomatenwürfel und Kräuter dazu geben. Abschmecken mit Salz, Pfeffer und Zucker.

Gebackener Kalbskopf

- ❋ 1 Scheibe Kalbskopf-Terrine
- ❋ Mehl
- ❋ 1 Ei
- ❋ Paniermehl
- ❋ Salz, Pfeffer

1 Scheibe von der Kalbskopfterrine abschneiden und vierteln. Von allen Seiten mit Salz und Pfeffer würzen. Die Kalbskopfwürfel in Mehl, Ei und in Paniermehl wenden.

Von der Terrine je drei hauchdünne Scheiben schneiden. Diese flach auflegen, würzen mit Salz und Pfeffer und die Vinaigrette darüber geben. Den Kalbskopfwürfel in einer Pfanne mit Fett oder in einer Friteuse ganz hell und schnell ausbacken. Den gebackenen Würfel auf das Carpaccio anrichten, mit der Vinaigrette nappieren und mit Kräutern ausgarnieren.

Tafelspitzsülzchen auf einem Tafelspitz Confit

Tafelspitzsülzchen

- ❋ 1 Karotte
- ❋ ½ Sellerieknolle
- ❋ ½ Lauchstange
- ❋ 1 Zwiebel
- ❋ 3 Wacholderbeeren
- ❋ 1 Lorbeerblatt
- ❋ 3 Pimentkörner
- ❋ 3 Pfefferkörner
- ❋ frischer Kerbel
- ❋ frische Petersilie
- ❋ 400 g Tafelspitz
- ❋ Gelatine (12 Blatt pro Liter Flüssigkeit)
- ❋ Salz, Pfeffer, Muskat

Karotte, Sellerie und Lauch putzen und grob klein schneiden und 2/3 davon in kochendes Wasser geben. Zwiebel mit Schale halbieren und mit der Schnittfläche in einer Pfanne ohne Fett dunkelbraun anbraten und in den Sud geben. Das gibt eine bessere Farbe und gibt einen feineren Geschmack. Wacholderbeeren, Lorbeer, Piment, Pfefferkörner, Stiele von den Kräutern und Salz in den Sud geben. Fleisch dazu geben und bei kleiner Flamme gar köcheln lassen.

Gartest macht man mit einer Fleischgabel: man sticht in das Fleisch und zieht die Gabel heraus.

Bleibt das Fleisch hängen, braucht es noch - rutscht es leicht heraus so ist es gar. Das Fleisch heraus nehmen und kalt werden lassen.

Die Brühe abpassieren durch ein Tuch. Abschmecken mit Salz, Pfeffer, Muskat. Gelatine in kaltem Wasser einweichen, ausdrücken und in die heiße Flüssigkeit einrühren. Das übrige Gemüse in sehr feine Würfel schneiden. Die Kräuter klein schneiden und zusammen in die Brühe geben. Das ausgekühlte Fleisch auf der Aufschnittmaschine hauchdünn aufschneiden. Kleine Formen zum Befüllen wählen und das Fleisch passend ausstechen. Die Brühe mit der Einlage abwechselnd in so vielen Lagen wie möglich einschichten. Kalt stellen bis alles fest ist.

TERRINENSCHMAUS

Seezungen-Meeresfrüchteterrine auf Tomaten-Safran Fumet

(20 Portionen)

- 1 Seezunge
- Zitronensaft
- 500 g verschiedene Muscheln
- Weißwein
- ½ Stange Lauch
- 1 Zwiebel
- 2 Knoblauchzehen
- 1 Karotte
- ½ Sellerieknolle
- 1 Hummer
- Kümmel
- Olivenöl
- 1 kleine Dose Tomatenmark
- Noilly Prat
- Weinbrand
- 200 ml Fischfond
- 300 ml Sahne
- 2 bunte Paprika
- Rosmarin, Thymian, Salbei
- 1 Bund Schnittlauch
- Estragon
- 1 Artischocke
- 1 Aubergine
- 1 Zucchini
- 2 Tomaten
- 1 Chilischote
- 24 Blatt Gelatine
- Safran
- Speisestärke
- Salz, Pfeffer
- 500 ml passierte Tomaten
- 2 Eiweiß

Terrinenform mit Frischhaltefolie ganz glatt auslegen und kalt stellen. Seezunge abziehen vom Schwanz zum Kopf. Filets auslösen, würzen mit Salz, Pfeffer, Zitronensaft, zu einer Schnecke zusammen rollen und auf ein Blech mit ungeschälten Knoblauchzehen und Kräutern legen. Im vorgeheizten Backofen bei 150° C ca. 3 Minuten backen, so dass der Fisch noch schön glasig ist. Anschließend kalt stellen. Muscheln kochen nach Geschmack, mediterran, in Weißweinsauce oder asiatisch. Dann auspulen und in die Sauce geben. Leicht abbinden und abschmecken mit Salz, Pfeffer, Zitrone.

Seezungen-Meeresfrüchteterrine auf Tomaten-Safran Fumet

Tafelspitzsülzchen auf einem Tafelspitz Confit

Amuse Gueule
Markus Plein

TERRINENSCHMAUS

Fischfond

Seezungengräten klein scheiden und mit dem Eiweiß vermischen. Mit Wasser auffüllen. Lauch, Zwiebeln, Knoblauch, Karotte, Sellerie klein schneiden und dazu geben und köcheln lassen. Gewürze und Salz dazu geben.

Hummer in Wasser mit Kümmel und Salz ca. 2 Minuten abkochen. Abschrecken in Eiswasser. Den Hummer ausbrechen und das Hummerfleisch vorsichtig herausnehmen und kalt stellen. Die Hummerschalen in Olivenöl anschwitzen, Wurzelgemüse wie Sellerie, Lauch, Karotten, Zwiebeln, Knoblauch klein schneiden und mit anschwitzen. Tomatenmark dazu geben, ablöschen mit Weißwein, Nolly Prat, Weinbrand und weiter köcheln lassen. Die Hälfte des Fischfonds und flüssige Sahne dazu geben und nochmals aufkochen. Abpassieren, abbinden und abschmecken mit Salz, Pfeffer, Zitrone.

Weißweinsauce

Zwiebeln und Knoblauch fein würfeln und in Butter farblos anschwitzen. Mit Weißwein ablöschen, Fischfond auffüllen und köcheln lassen, Sahne dazu geben und wieder köcheln lassen. Abschmecken mit Salz, Pfeffer, Zitrone und abbinden.

Paprika im Ganzen auf ein Blech legen. Rosmarin, Thymian, Salbei, Knoblauchzehen mit Schale auch auf ein Backblech legen und im Ofen bei 150° C garen. Wenn die Paprika gar sind, die Haut abziehen, vierteln und vorsichtig das Kerngehäuse herausnehmen und auf einem Blech vorsichtig ausbreiten. Knoblauch schälen und zusammen mit den Kräutern klein schneiden. Stiel der Artischocke rausbrechen, so dass sich die Fäden mit aus dem Artischockenboden lösen. Blätter von außen nach innen abbrechen, Kopf oben abschneiden und die Haare mit einem Löffel heraus kratzen. Boden herausschneiden. Sofort in kaltes Zitronenwasser legen, damit die Artischockenböden nicht braun werden. Dann in kleine Ecken schneiden und in Olivenöl schmoren. Knoblauchzehen mit Schale und Zwiebelwürfel dazu geben und mit anschwitzen. Gehackten Rosmarin und Thymian dazu geben und abschmecken mit Salz, Pfeffer, Muskat und Zitronensaft. Beiseite stellen. Den Schnittlauch ganz fein schneiden.

ANRICHTEN:
Terrine in Scheiben schneiden, anrichten und die Sauce daran angießen.

Aubergine und Zucchini längs aufschneiden und in der Pfanne in Olivenöl anbraten. Würzen mit Salz, Pfeffer und fein geschnittenem Knoblauch, Thymian und Rosmarin. Mit dem Öl in ein flaches Gefäß einschichten. Tomaten vierteln, Kerngehäuse heraus nehmen und in größere Ecken schneiden. Chili ohne Kerngehäuse in ganz feine Würfel schneiden. ½ Liter von der Fischsauce mit 8 Blatt Gelatine versetzen. Dann die feinen Chiliwürfel und den Schnittlauch in die Sauce geben. ½ Liter von der Hummersauce auch mit 8 Blatt Gelatine versetzen. ½ Liter Weißweinsauce mit 8 Blatt Gelatine versetzen.

Einsetzen der Terrine

Die Terrinenform mit den abblanchierten Zucchinischeiben auskleiden. Oben muss die Zucchini überlappen, damit die Terrine später geschlossen werden kann.

Beim Einschichten darauf achten, dass keine Luftblasen entstehen. Nach jeder Schicht kalt stellen, bis die Terrine fest ist.

- ½ cm Fischsauce
- Paprika ohne Lücken einschichten und mit einem Löffel vorsichtig den Fischfond darüber geben.
- eine Schicht mit Seezungenschnecken mittig einsetzen
- Hummerfleisch exakt einschichten, dünn mit der Hummersauce nappieren
- Tomatenstücke und Artischockenecken mischen, mit Salz und Pfeffer abschmecken und eine gleichmäßige Lage einschichten. Soviel Fischfond darüber gießen, dass das Gemüse gerade bedeckt ist.
- Auberginescheiben durch den Fischfond ziehen und einschichten
- ½ cm von der Fischsauce mit Chili einschichten
- Muschelfleisch einschichten und mit Hummersauce gerade so bedecken
- Zucchinischeiben durch das Fischfondgelee ziehen und gleichmäßig einschichten
- Mit einer letzten Schicht Fischsauce abschließen und mind. 2 Stunden kalt stellen, damit sie richtig durch und durch fest ist.

Eine Messerspitze Safran in die Fischsauce ohne Chili geben und aufkochen.

ZWISCHENGERICHTE

❋ Friedhof der Krustentiere
❋ Aus Milch wird Käse
❋ Übern Pazifischen Ozean
❋ Heimatnah
❋ Aus Pleins Imbisswagen
❋ Innere Pleinereien
❋ Eiskalt erwischt
❋ Spanien olé
❋ Vegetarisch
❋ Selbst Eingemachtes
❋ Forrest Food
❋ Aus einem Topf
❋ Pasta? Basta!
❋ Tolle Knolle
❋ Mosel-Riesling zum Essen

Friedhof der

Krustentiere

Hummergratin auf frischem Spargelragout

- 1 Karotte
- 1 kleine Sellerie
- 1 Lauchstange
- 2 Zwiebeln
- Kümmel
- 1 Hummer
- 1 Bund grüner Spargel
- 1 Bund weißer Spargel
- Salz
- Zucker
- 1 Zitrone
- 1 Toastbrotscheibe
- 1 Stück Butter
- verschiedene Kräuter
- 1 Eigelb
- 100 g geschlagene Sahne
- 80 g Camembert
- 1 Tomate, geschält und in Würfel geschnitten
- frische Kräuter

Wurzelgemüse putzen und klein schneiden und mit Kümmel und Salz aufkochen. Den Hummer in dem Sud ca. 3-4 Minuten abkochen, heraus nehmen und in Eiswasser abschrecken. Hummerfleisch aus der Schale brechen und in größere Stücke schneiden. Für den Spargel Wasser, Salz, Zucker, Zitronenscheibe, Toastbrotscheibe (entzieht dem Spargel Bitterstoffe) aufkochen. Den geschälten Spargel hinein geben, dann die Kochplatte ausschalten und ziehen lassen, bis das Wasser abgekühlt ist. Den Spargel in Stücke schneiden und in Butter anschwitzen. Mit ein wenig Fond vom Spargel und Sahne ablöschen. Abschmecken mit Salz, Pfeffer, Zitrone, frisch gehackten Kräutern.

Das Spargelragout in ein Schälchen anrichten, die Hummerstücke darauf legen. Für die Sauce das Eigelb, geschlagene Sahne, Camembert, Salz, Pfeffer, Tomatenwürfelchen, gehackte Kräuter mischen, über das Gericht nappieren und im Ofen goldgelb überbacken.

Amuse Gueule
Markus Plein

FRIEDHOF DER KRUSTENTIERE

Garnelen im Kartoffelmantel

- 4 Garnelen
- 3 große Kartoffeln
- ½ Glas Tandoripaste (Asia Store)
- 1 Zwiebel
- 3 Knoblauchzehen
- 30 g Butter
- 50 ml Weißwein
- 250 ml Fischfond
- 250 ml flüssige Sahne
- 1 Zitrone
- Salz, Pfeffer

Garnelen pulen. Kartoffeln schälen, Seiten abschneiden, mit einem Schäler lange Kartoffelstreifen schneiden. Diese Streifen zu einer Schnecke zusammen rollen und in dünne Scheiben schneiden. So entstehen ganz lange Kartoffelstreifen. Diese Streifen ganz eng um die Garnelen wickeln und von allen Seiten goldgelb braten.

Für die Tandorisauce Zwiebelwürfelchen und klein geschnittenen Knoblauch in Butter anschwitzen, mit Tandoripaste abglasieren und mit Weißwein ablöschen. Fischfond dazu gießen und reduzieren lassen. Mit Sahne auffüllen und nochmals einkochen lassen. Abschmecken mit Salz, Pfeffer, Zitronensaft. Anschließend durchmixen.

Ausgarnieren mit frittierten Glasnudeln.

FRIEDHOF DER KRUSTENTIERE

Shrimpssülzchen mit Tomaten-Estragonvinaigrette

- 250 g Shrimps
- ½ l Fischfond
- 2 Eiweiß
- 1 Karotte
- 1 kleine Sellerie
- 1 Lauchstange
- Gelatine (12 Blatt auf 1 l Flüssigkeit)
- frische gehackte Kräuter
- Salz, Pfeffer, Zucker
- 1 MSP Safran

Shrimps in ein Sieb abgießen. Fischfond kalt mit 2 Eiweiß vermischen und langsam unter ständigem Rühren zum Kochen bringen. Dieser Vorgang bewirkt, dass der Fischfond geklärt wird. Fond passieren und abschmecken mit Salz, Pfeffer, ein wenig Zucker, Safran und durchziehen lassen. Karotte, Sellerie und Lauch putzen und fein würfeln, dazu geben und noch einmal kurz aufkochen. Gelatine in kaltem Wasser einweichen, ausdrücken und unterrühren. In den erkalteten Fond gehackte Kräuter geben. Die Shrimps in kleine Schälchen verteilen, mit dem Fond auffüllen und kalt stellen. Wenn die Sülzchen fest sind, in ein kleines Gefäß stürzen. Die Tomaten – Estragonvinaigrette angießen und mit Kartoffelfrit* und Kräuterästchen ausgarnieren.

Tomaten-Estragonvinaigrette

- 1 Tomate
- 1 Zweig frischer Estragon
- weißer Balsamicoessig und Öl nach Geschmack
- Salz, Pfeffer, Zucker

Tomate in kleine Würfel schneiden, Estragon klein schneiden. Mit Balsamico, Öl, Salz, Pfeffer, Zucker mischen.

*Kartoffelfrit > Seite 113

Amuse Gueule
Markus Plein

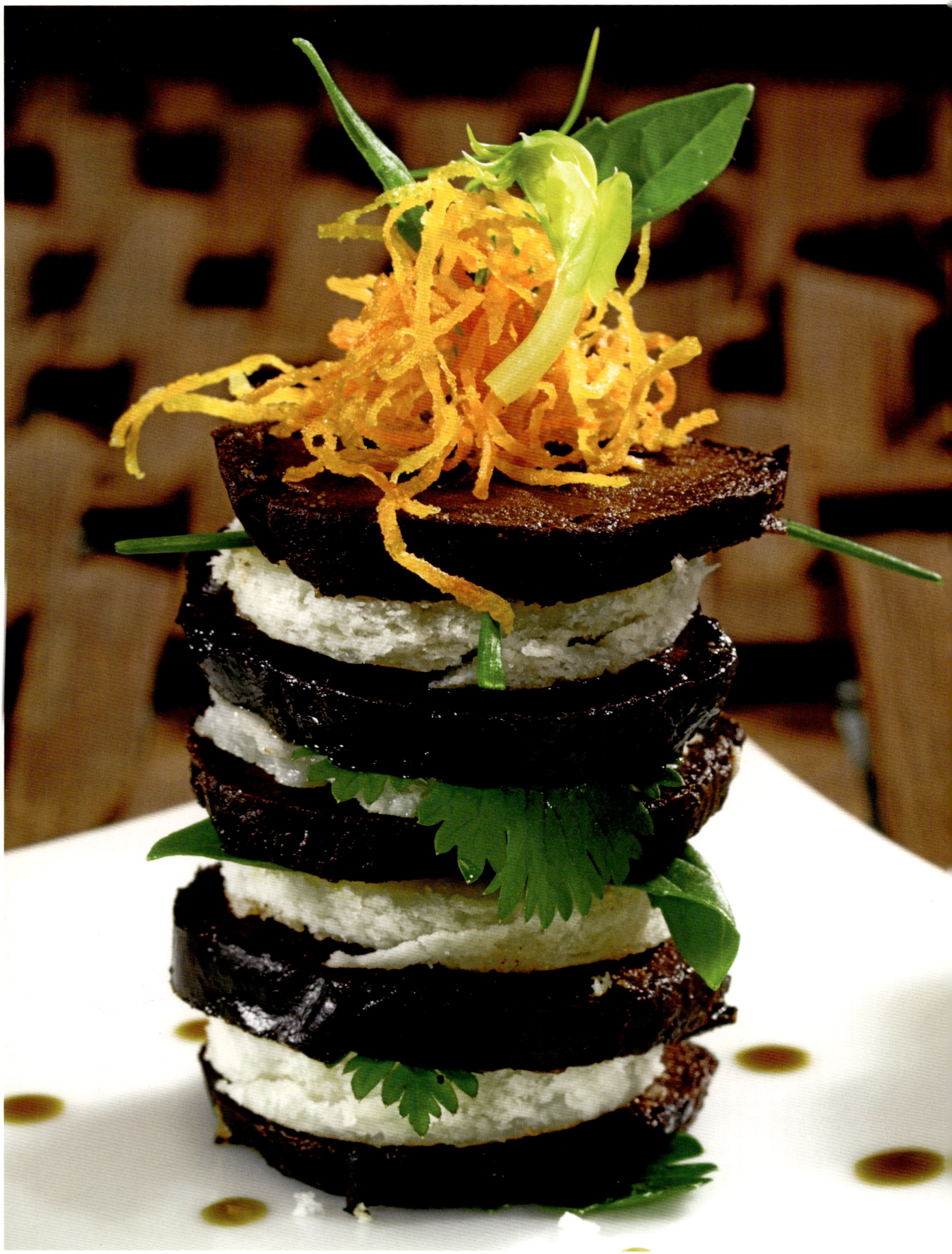

Aus Milch wird Käse

Walnüsschen mit hausgemachtem Käse gratiniert

- ❋ 4 Walnüsse
- ❋ 100 g Käse*
- ❋ 1 Tomate
- ❋ Honig
- ❋ frische Kräuter
- ❋ frischer Basilikum
- ❋ Salz, Pfeffer

Walnüsse vorsichtig öffnen und Nuss mit einem Messer herausnehmen, ohne die Schale zu beschädigen. Den Käse in Würfel schneiden und in eine Schüssel geben. Die Nusskerne ganz fein hacken und zugeben. Tomaten fein würfeln und zugeben. Mit Honig, gehackten Kräutern, Salz und Pfeffer abschmecken. Die Masse in die Nussschalen füllen und ca. 10 Minuten im Ofen bei 180° C goldgelb gratinieren. Anrichten auf bunten Nussblättern und mit Basilikumblättchen ausgarnieren.

Wan Tan Käsepraline

- ❋ 1 Stück Käse*
- ❋ 4 Wan Tan Blätter
- ❋ 2 Trockentomaten*
- ❋ 1 Schwarze Nuss*
- ❋ 2 EL Pesto*
- ❋ 1 Ei

Ein Stück Käse auf ein Wan Tan Blatt legen, Trockentomateviertel auf den Käse legen, eine Scheibe Schwarze Nuss darauf legen, Pesto darüber nappieren. Den Rand des Wan Tan Blattes mit Ei einstreichen und zu einem Säckchen zusammen formen. In der Friteuse goldgelb ausbacken. Garnieren mit einer Tomaten-Pinienkern-vinaigrette.

* Käse > Seite 121
* Karottenfrit > Seite 113
* Trockentomaten > Seite 114
* Schwarze Nuss > Seite 113
* Pesto > Seite 115

Schwarze Nuss-Käse-Mille Feuille

- ❋ 16 kleine Käsescheiben
- ❋ 4 Schwarze Nüsse*
- ❋ 100 g Zucker
- ❋ 50 g Honig
- ❋ 250 ml Balsamicoessig
- ❋ Speisestärke

Aus den Käsescheiben Kreise mit einem Durchmesser von ca. 3,5 cm ausstechen. Die Schwarzen Nüsse in Scheiben schneiden. Die Nuss- und Käsescheiben abwechselnd aufeinander schichten. Zucker und Honig in einem Topf karamellisieren, mit Balsamicoessig ablöschen und ein wenig einkochen lassen. Mit Speisestärke leicht binden. Die Mille Feuilles anrichten und mit der Sauce nappieren. Mit Karottenfrit* und Kräuterchen ausgarnieren.

Amuse Gueule
Markus Plein

übern Pazifschen

OZEAN

Laksa

- 100 g Geflügelfleisch
- 2 Knoblauchzehen
- 1 Zwiebel
- 1 Stange Zitronengras
- 600 ml Gemüsefond*
- 1 Stück Ingwer
- 1 Stück Galingal
- 1 Chilischote
- Currypaste
- 1 Bund Koriander
- 8 Wan Tan Blätter
- 1 Ei
- Stücke vom Lachs oder anderem Fisch
- 4 Kaiserschoten Curry
- 1 Baby Pak Choi
- frischer Schnittlauch
- 1 Stück Parmesan
- Salz, Pfeffer, Muskat

Geflügelfleisch klein schneiden, Knoblauch schälen, Zwiebel schälen und klein schneiden, alles durch den Wolf drehen. In diese Masse etwas Zitronengras, Ingwer und Galingal reiben. Chili in Würfelchen schneiden und dazu geben. Abschmecken mit Curry, Salz, Pfeffer, Muskat, Currypaste und gehacktem Koriander. Die Wan Tan-Blätter ausbreiten und die Ränder mit Ei einstreichen. Die Hackmasse in die Mitte füllen und zu Säckchen formen. Mit blanchiertem Schnittlauchstängel zubinden und in heißem Fett goldgelb ausbacken.

Den Fond aufkochen. Galingal, Zitronengras und Ingwer hinein reiben und ziehen lassen. Fisch und Kaiserschoten in feine Streifen schneiden und zugeben. Pak Choi abblättern und zugeben. Parmesan hinein reiben. Die Wan Tan Säckchen in die Brühe legen. Nochmals mit Koriander abschmecken und in ein tieferes Gefäß anrichten. Mit Minigemüse und Kräutern ausgarnieren.

* Gemüsefond > Seite 119

Amuse Gueule
Markus Plein

ÜBERN PAZIFSCHEN OZEAN

Medley aus dem Meer

Für den Fond

- 1 Knoblauchzehe
- 1 Zwiebel
- 1 Zitronengrasstange
- Kardamon
- Sternanis
- 50 g Ingwer
- Korianderblätter
- 1 Chilischote
- 100 ml Sojasauce
- 50 ml Hoisinsauce
- 50 ml Oystersauce
- 800 ml Geflügelbrühe
- 15 ml Sesamöl
- 20 ml Dashi

Knoblauch und Zwiebel schälen und klein schneiden, Zitronengrasstange halbieren. Alle Zutaten zusammen geben und ca. 45 Minuten kochen, dann über Nacht ziehen lassen.

- 1 Bund Suppengemüse
- 4 Muscheln
- 8 Scampis
- 100 g Fisch

Suppengemüse putzen und klein schneiden und zusammen mit Muscheln, Scampis und Fisch in diesem Fond garen. Mit frischen Kräutern ausgarnieren.

Asiatisches Langustinocarpaccio

- 4 Stück Langustinos
- Zitronensaft
- 2 Knoblauchzehen
- 1 Apfel
- 1 Chilischote
- 1 Stück Ingwer
- 1 Stück Zitronengras
- 1 Zitrone
- 1 Orange
- frischer Koriander
- frischer Kerbel
- frischer Basilikum
- 1 Tomate
- Olivenöl
- weißer Balsamico
- Olivenöl
- Essig
- 1 Stück Parmesan
- 1 frischer Trüffel
- Salz, Pfeffer

Langustinos mit einem Plattierhammer zwischen Frischhaltefolie dünn plattieren und glatt auf einem flachen Teller anrichten. Würzen mit Salz, Pfeffer und Zitronensaft. Knoblauch und Apfel schälen, fein würfeln. Chilischote würfeln und darüber streuen. Ingwer, Zitronengras, Zitronen- und Orangenschale fein darüber reiben. Koriander, Kerbel, Basilikum klein hacken und darüber streuen. Tomate fein würfeln und darauf verteilen. Olivenöl und Essig zusammenrühren, abschmecken mit Salz und Pfeffer und über das Carpaccio nappieren. Parmesan und feine Trüffelstreifen darüber hobeln.

Heimatnah

Kappestertisch mat Bouch

- 2 Kartoffeln
- 100 g Sauerkraut
- 1 Zwiebel
- 2 Scheiben Bacon
- Butter
- frische Petersilie
- 1 Möhre
- 1 Stück Sellerie
- 1 Stück Lauch
- 100 g Bauchspeck
- 5 Pfefferkörner
- 1 Lorbeerblatt
- 5 Wacholderbeeren
- Piment
- Salz, Pfeffer, Muskat
- Liebstöckel

Kartoffeln schälen, klein schneiden und in Salzwasser gar kochen. Sauerkraut zu den Kartoffeln geben und durchstampfen. Zwiebel schälen und würfeln, Bacon klein schneiden, zusammen in Butter anschwitzen und dazu geben. Abschmecken mit Salz, Pfeffer und Muskat. Petersilie hacken und unterrühren.

Möhre, Sellerie und Lauch putzen, klein schneiden und in kochendes Wasser geben. Zwiebel mit der Schale halbieren, in einer Pfanne auf der Schnittseite dunkelbraun anbraten und in den Sud geben. Gewürze zugeben und kochen lassen. Den Bauchspeck darin gar kochen, in Stücke schneiden und zu dem Kartoffel-Sauerkraut hinzu geben. Anrichten und ausgarnieren in Tontöpfchen. Die Töpfchen auf einem Kohlblatt anrichten und mit Kräutern ausgarnieren.

HEIMATNAH

Gebohrtenen

- 4 kleine Kartoffeln
- Salz
- Kümmel
- 200 g Hackfleisch (Rind und Schwein)
- 1 Zwiebel
- 50 g Bauchspeck
- Öl
- frische Petersilie
- 1 Scheibe trockenes Brot
- 5 EL Milch
- Butter
- 100 ml Brühe
- Salz, Pfeffer, Muskat, Paprika

Die Kartoffel mit der Schale aufsetzen, so dass sie gerade mit Wasser bedeckt sind. Etwas Salz und Kümmel zugeben und gar kochen lassen. Kartoffeln pellen und mit einem Parisienneausstecher ausbohren. Hackfleisch in eine Schüssel geben. Zwiebel schälen und würfeln, Speck würfeln und in Öl anschwitzen. Petersilie hacken, Brot in Milch einweichen und ausdrücken. Zusammen zum Hackfleisch geben. Würzen mit Salz, Pfeffer, Muskat und Paprikapulver. Die Hackmasse in die Kartoffeln füllen und in einer Pfanne mit Butter anbraten. Mit der Brühe ablöschen und bei 180° C ca. 20 Minuten im Ofen backen. Würzen mit Salz, Pfeffer und Muskat. In kleinen Zinkeimern anrichten und mit Tomatenstreifen und Kräutern ausgarnieren.

Döppenlappes

- 2 Kartoffeln
- 1 Bund Petersilie
- 200 g Hackfleisch (Rind und Schwein)
- 1 Zwiebel
- 4 Scheiben Bacon in Würfel geschnitten
- Öl
- 1 trockenes Brötchen
- 100 ml Milch
- 1 Ei
- 1 Knoblauchzehe
- Salz, Pfeffer, Muskat, Paprika

Für die Kartoffelmasse Kartoffeln schälen und mit einer Reibe reiben. Gehackte Petersilie darunter geben, abschmecken mit Salz, Pfeffer und Muskat. Das Hackfleisch in eine Schüssel geben.

Zwiebeln schälen und in Streifen schneiden, Speck würfeln, zusammen in Öl in der Pfanne anschwitzen und zum Hackfleisch geben. Das Brötchen in Milch einweichen und ausdrücken. Petersilie hacken, Knoblauch schälen und klein schneiden. Zusammen mit dem Ei zum Hackfleisch geben. Würzen mit Salz, Pfeffer, Muskat und Paprikapulver. Die Masse gut durchkneten.

Kleine feuerfeste Formen mit Butter ausfetten und die beiden Massen abwechselnd ca. 1 cm dick einschichten, so dass die letzte Schicht die Kartoffelmasse ist. Bei 180° C ca. 15 Minuten im Ofen backen. Ausgarnieren mit kleinen Pilzen und Kräutern.

Amuse Gueule
Markus Plein

Aus Pleins

Imbisswagen

Wurst aus dem Wok

* 4 kleine Würstchen
* Sesamöl
* 1 Dose Bambusherzen
* 1 gelbe Zucchini
* 1 grüne Zucchini
* 1 rote Paprika
* 1 gelbe Paprika
* 1 Päckchen Sojasprossen
* 1 Päckchen Tailandspargel
* 4 Cherrytomaten
* 4 Pilze
* 4 Blätter Pak Choi
* 1 Stange Zitronengras
* 1 Stück Ingwer
* 4 Scampis
* passierte Tomaten
* Asia Fischsauce
* Sahne
* Braune Sauce*
* Currypaste
* 50 g geschnittener Basilikum
* 50 g geschnittener Koriander
* Speisestärke
* Reisessig
* Curry
* Salz, Pfeffer, Muskat

Wurst in Scheiben schneiden und im Wok in Sesamöl goldgelb von allen Seiten anbraten und heraus nehmen. Bambusherzen in Scheiben schneiden, Zucchini in dünne Streifen schneiden, Paprika in Stücke schneiden. Gemüse zusammen mit Sojasprossen, Tailandspargel, Cherrytomaten, Pilzen und Pak Choi Blättern in Sesamöl anschwitzen. Würzen mit Salz, Pfeffer, Muskat, Reisessig, geriebenem Zitronengras und Ingwer. Geschälte Scampis hinzu geben und ablöschen mit passierten Tomaten, Fischsauce, Sahne und Brauner Sauce. Einige Minuten köcheln lassen. Wurst wieder dazu geben. Curry, Currypaste, geschnittenen Basilikum und Koriander dazu geben und nochmals abschmecken. Abbinden mit Speisestärke und kunterbunt anrichten.

* Tomatenketchup > Seite 113
* Braune Sauce > Seite 115

Amuse Gueule
Markus Plein

AUS PLEINS IMBISSWAGEN

Currywurst mit Pommes

* 2 große Kartoffeln
* 4 Minigrillwürste
* Tomatenketchup*
* Curry

Kartoffeln schälen und in ganz kleine exakte Streifen schneiden. In Salzwasser kurz abblanchieren. Mit Küchenkrepp trocknen und in der Friteuse goldgelb ausbacken. Die Würstchen von allen Seiten goldgelb braten. Aus Backpapier eine kleine Tüte falten und die Minipommes darin anrichten. Mit Currypulver und Tomatenketchup ausgarnieren.

Wurst aus dem Wok

Grillspieß mit Curryrisotto

- 100 g Schweinerücken
- 100 g Rinderrücken
- Paprika
- 8 frische Perlzwiebeln, geschält
- Olivenöl
- Knoblauch
- Koriander
- Basilikum
- Holzspieß

Fleisch und Paprikaschote in ca. 2 cm große Würfel schneiden und abwechselnd mit den Perlzwiebeln auf einen Holzspieß aufspießen. Öl mit Gewürzen vermischen und die Spieße darin marinieren.

- 1 Zwiebel
- 3 Knoblauchzehen
- 50 g Butter
- 1 Tasse Risottoreis
- 3 Tassen Gemüsebrühe
- Zitronensaft
- 2 Tomaten
- Schnittlauch
- 100 g geriebener frischer Parmesan
- 100 g geschlagene Sahne
- 200 ml Currysauce*
- Salz, Pfeffer, Muskat, Curry

Zwiebel und Knoblauch schälen, fein würfeln und in Butter glasig anschwitzen. Reis hinzu geben und kurz mit anschwitzen. Mit der Brühe unter ständigem Rühren ablöschen und garen. Abschmecken mit Salz, Pfeffer, Muskat, Zitronensaft. Tomaten und Schnittlauch klein schneiden und dazu geben. Parmesan und Sahne unterrühren und nochmals abschmecken.

Den Spieß aus der Marinade nehmen und von allen Seiten in einer Grillpfanne braten. Auf dem Risotto anrichten und mit aufgeschäumter Currysauce ausgarnieren.

*Currysauce   Seite 116

Innere Pleinereien

Bries-Nierenpfännchen

- 100 g Kalbsbries
- 1 Stück Kalbsniere
- Öl
- 1 Kartoffel
- 2 Cornichons
- 1 Zwiebel
- 2 Knoblauchzehen
- 1 Apfel
- Butter
- Balsamicoessig
- 5 cl Portwein
- 5 cl Rotwein
- 5 cl Fleischbrühe
- 1 EL Senf
- 100 g Sahne, geschlagen

Bries abhäuten und in kleine Röschen schneiden. Nierchen auch abhäuten und in kleine Stücke schneiden. Innereien von allen Seiten in Öl anbraten und mit Salz und Pfeffer würzen. Aus der Pfanne nehmen. Kartoffel schälen und in Würfel schneiden.

Cornichons in Scheiben schneiden. Zwiebel schälen, vierteln und in dünne Scheiben schneiden. Knoblauch schälen und in feine Würfelchen schneiden. Apfel schälen, Kerngehäuse entfernen und in Würfel schneiden. In der selben Pfanne Cornichonscheiben und Zwiebelstreifen in Butter anschwitzen und mit Balsamicoessig, Portwein und Rotwein ablöschen. Nun gar kochen lassen. Knoblauchwürfelchen, Apfelwürfelchen und Brühe dazu geben und nochmals durchkochen lassen. Abschmecken mit Salz, Pfeffer, Senf, Cornichonsaft. Bries und Nierchen wieder dazu geben. Zum Schluss geschlagene Sahne unterheben und nicht mehr durchrühren. Anrichten und ausgarnieren mit buntem Minigemüse und verschiedenen Kräuterästchen.

INNERE PLEINEREIEN

Gebratene Leber auf Kartoffelschnee mit glasierten Äpfelchen und Röstzwiebeln

- 1 Apfel
- Zucker
- Honig
- 80 ml Weißwein
- 50 ml Apfelsaft
- 4 kleine Stücke Kalbsleber
- Butter
- 1 Zwiebel
- 200 g Kartoffelpüree*
- 200 ml Braune Sauce*
- 2 Cherrytomaten
- frischer Kerbel
- Salz, Pfeffer
- Paprika

Apfel schälen, vierteln, das Kerngehäuse entfernen und kleine Kugeln ausstechen. Honig und Zucker in einem Topf schmelzen, bis er eine goldgelbe Farbe hat. Apfelkugeln dazu geben, ablöschen mit Weißwein und Apfelsaft und gar kochen. Die Leber enthäuten, in Scheiben schneiden, mehlieren und in Butter von beiden Seiten braten. Würzen mit Salz, Pfeffer. Zwiebeln schälen und auf der Aufschnittmaschine in feine Scheiben schneiden, mehlieren und mit Paprikapulver bestreuen. In heißem Öl bei 180° C frittieren. Das Kartoffelpüree auf Tellerchen anrichten. Die Leberscheiben darauf legen, mit Brauner Sauce nappieren. Apfelkugeln und Röstzwiebeln darauf legen und ausgarnieren mit einer geschmorten Cherrytomate und Kerbel.

* Kartoffelpüree > Seite 114
* Braune Sauce > Seite 115

INNERE PLEINEREIEN

Gänsestopfleber im Gewürztraminergelee

- 200 g Gänsestopfleber
- 15 g Pökelsalz
- 5 g Pfeffer aus der Mühle
- 4 cl Weißwein
- 2 cl weißer Portwein
- 2 cl Cognac
- 0,75 l Gewürztraminer-Wein
- Gelatine (12 Blatt pro Liter Flüssigkeit)
- 1 Trüffel
- Preiselbeeren
- Salz, Pfeffer

Gänsestopfleber von Nerven trennen, aber ziemlich große Stücke lassen. Pökelsalz, Pfeffer, Weißwein, Portwein, Cognac in einem flachen Gefäß mischen und die Leber darin einen Tag marinieren. Die Hälfte der Leber zu einem Mousse mixen und mit Salz und Pfeffer abschmecken und den anderen Teil in Folie rund einwickeln, mit Alufolie nochmals umwickeln, damit sie ihre Form behält. Einen Teil des Gewürztraminers erhitzen, darin die eingeweichte Gelatine auflösen und zu dem Rest Gewürztraminer geben. Kleine runde Formen mit einer ganz dünnen Schicht ausgießen und fest werden lassen. Die Mousse in einen Spritzsack füllen und innen am Rand der Formen kleine Rosetten spritzen. In die Mitte eine Scheibe der eingerollten Leber legen. Eine Trüffelscheibe und eine Preiselbeere darauf legen und mit Gelee auffüllen, so dass alles knapp bedeckt ist. Erstarren lassen und vorsichtig auf ein flaches Tellerchen stürzen.

Eiskalt erwischt

Orangen-Basilikumsorbet auf Orangenfilets

- 300 ml Orangensaft
- 2 cl Cointreau
- 2 cl Grand Marnier
- 2 x 30 g Honig
- 2 x 50 g Zucker
- frischer Basilikum
- 1 Orange

Orangensaft mit Cointreau und Grand Marnier vermischen. Honig und Zucker in 5 cl von diesem Gemisch auflösen. Den fein geschnitten Basilikum hinein geben und dann in der Eismaschine frieren.

Orange mit einem Zestenreisser zestelieren, schälen und das Fruchtfleisch filetieren. In einer Pfanne Zucker und Honig ein wenig karmellisieren lassen. Zuerst die Zesten, dann die Orangenfilets dazu geben.

Das Sorbet als geformte Nocke in kleinen Gläsern auf dem Orangenragout anrichten und ausgarnieren mit kandierten Orangenschalen und getrockneten Vanillestangen.

Tomaten-Basilikumsorbet auf süßem Tomatenconfit

- 2 Tomaten
- 200 ml Leuterzucker (1 Teil Zucker - 1 Teil Wasser aufgekocht)
- 8 Kirschtomaten
- 150 ml Tomatensaft (am besten frisch)
- ½ Zitrone
- frischer Basilikum
- Salz, Pfeffer

Alle Zutaten zusammen mixen, durch ein feines Sieb passieren und abschmecken. In der Eismaschine frieren.

Tomatenconfit

- 1 Tomate
- 2 Oliven
- 3 Basilikumblätter
- Thymian
- ½ Schalotte
- 1 Knoblauchzehe
- Balsamicoessig
- Olivenöl
- 40 g Parmesan
- Salz, Pfeffer

Tomate und Oliven fein würfeln. Kräuter, Schalotte und Knoblauch fein schneiden.

Zutaten mischen und abschmecken mit Balsamicoessig, Olivenöl, Salz, Pfeffer.

Das Confit in Gläschen füllen und eine schöne Nocke vom Sorbet darauf anrichten. Mit Parmesanchips* und Minzekrönchen ausgarnien.

EISKALT ERWISCHT

Thymian-Himbeersorbet auf Beerensalat

- 300 g gefrorene Himbeeren
- 50 g Zucker
- 30 g Honig
- 2 cl Himbeergeist
- 2 cl Grenadine
- frischer Thymian
- 200 g gemischte frische Beeren
- Puderzucker
- Pfirsichlikör
- Amaretto
- Minzeblätter

Himbeeren, Zucker und Honig aufkochen und durch ein Sieb streichen. Wenn die Masse abgekühlt ist, Himbeergeist, Grenadine und den ganz fein gehackten Thymian dazu geben und in der Eismaschine frieren. Die frischen Beeren abschmecken mit Puderzucker, Pfirsichlikör, Grenadine, Amaretto und fein geschnittener Minze. Den Beerensalat in kleine Gläser anrichten und eine schöne Nocke vom Sorbet darauf setzen. Mit einem frittierten Thymianästchen garnieren und mit Puderzucker bestreuen.

Parmesanchips > Seite 116

Amuse Gueule
Markus Plein

Spanien Olé

Paella

- 8 Jacobsmuscheln
- 125 ml Weißwein
- 2 kleine Gemüsezwiebeln
- 1 kleines Hühnerbrustfilet
- 80 ml Olivenöl
- 280 g rohe Garnelen geschält und geputzt
- 100 g Tintenfischringe
- 100 g weißer Fisch ohne Gräten, in Stücke geschnitten
- 3 Scheiben Schinkenspeck
- 5 Knoblauchzehen
- 1 Chilischote
- 1 Paprikaschote
- 2 Tomaten
- 100 g frische Erbsen
- 100 g Pepperoniwurstscheiben
- 200 g Langkornreis
- 500 ml heiße Hühnerbrühe
- Safranpulver und Safranfäden
- frisch gehackte Kräuter
- Cayennepfeffer

Die Muscheln putzen und waschen. Wein und Zwiebelwürfel in einem großen Topf erhitzen, Muscheln hinein geben und so lange kochen bis alle Muscheln geöffnet sind. Muscheln herausnehmen und alles beiseite stellen. Hühnerfleisch in Stücke schneiden, würzen und anbraten. Garnelen, Tintenfischringe und Fisch würzen und anbraten. Zwiebel, Schinkenspeck, Knoblauch, Chili und Paprika würfeln und in einer großen Pfanne anschwitzen. Tomaten entkernen und würfeln, zusammen mit Erbsen, Pepperoniwurst, Cayennepfeffer dazu geben und mit anschwitzen. Salzen, pfeffern. Die Weißweinmischung und den Reis zugeben. Hühnerbrühe mit dem Safran aufkochen, dazu geben und alles mischen. Auf kleiner Flamme köcheln lassen. Fleisch und Fisch vorsichtig unterheben. Abdecken und bei schwacher Hitze ca. 15 Minuten köcheln lassen. Gehackte Kräuter untermischen und nicht mehr rühren. In kleinen Sardinendosen anrichten.

SPANIEN OLÉ

Gazpacho

- 500 g Rispentomaten
- 250 g Salatgurken
- 100 g rote Paprika
- Saft einer halben Zitrone
- 1 Knoblauchzehe
- 40 g Tomatenketchup*
- 150 ml Gemüsebrühe
- ½ geriebene Zwiebel
- 150 g Tomaten geschält
- 10 ml Olivenöl

Alles zusammen mixen und durchpassieren, abschmecken mit Salz, Pfeffer, Tabasco und Muskat.

- 2 rote Minipaprikaschoten
- 1 kleine Zucchini

In einer Paprikaschotenhälfte als Schiffchen anrichten. Zucchini längs in dünne Scheiben schneiden und als Wellen anrichten. Mit Gemüsewürfelchen und Zitronenabrieb garnieren.

*Tomatenketchup > Seite 113

Amuse Gueule
Markus Plein

Schwertmuschelspieß mit Zitronengrasbuttersauce

- 4 Schwertmuscheln
- Öl
- 1 Karotte
- 1 Zwiebel
- 3 Knoblauchzehen
- ½ Stück Lauch
- 50 ml Weißwein
- 200 ml Tomatensauce
- Zitronensaft
- Tabasco
- 1 Chilischote
- 4 Holzspieße
- 1 Ei gemixt
- 4 hauchdünn längs aufgeschnittene Zucchinischeiben
- frische Kräuter, klein geschnitten
- 50 g Mehl
- 100 g Paniermehl
- Salz, Pfeffer
- Muschelgewürz
- Cayennepfeffer
- Curry

Schwertmuscheln in einem Topf mit Öl anschwitzen. Karotte, Zwiebel und Knoblauch schälen und würfeln. Lauch fein schneiden, dazu geben und mit anschwitzen. Ablöschen mit Weißwein und Tomatensauce und köcheln lassen. Abschmecken mit Salz, Pfeffer, Muschelgewürz, Zitrone, Cayennepfeffer, Tabasco, Curry und der in Würfel geschnittenen Chilischote. Danach die Muscheln aus dem Topf nehmen und vorsichtig pulen. Die Sauce abschmecken und beiseite stellen. Die Muschel längs aufspießen und kurz in Ei wenden. Die Zucchinischeibe fest um die Muschel wickeln. Dann in Mehl, Ei, Paniermehl wenden und ca. 1 Minute in heißem Fett goldgelb backen. Mit Salz und Pfeffer würzen.

Zitronengrasbuttersauce

- ¼ l Sauternes
- 125 g Zitronengras
- ½ Vanilleschote
- 25 g Zucker
- 60 g Crème fraîche
- 100 g kalte Butter
- Zitronensaft
- Honig
- Salz, Pfeffer

Zitronengras in Stücke schneiden und mit Sauternes, Vanillestange und Zucker einkochen. Crème fraîche darunter mixen. Butter in Würfel schneiden und ebenfalls unter die Sauce mixen. Abschmecken mit Salz, Pfeffer, Zitronensaft und Honig.

ANRICHTEN:

Schwertmuschelspieße mit Schwertmuschelschalen schön anrichten. Zitronengrasbuttersauce aufschäumen und darüber geben. Mit Chili und Kräuterästchen ausgarnieren.

Vegetarisch

Gemüseplätzchen mit einer Kräuter-Tatarensauce

- 50 g Risottoreis
- 1 Zucchini
- 3 grüne Oliven, entkernt
- 3 schwarze Oliven, entkernt
- 1 Aubergine
- 1 Artischocke
- 2 Spargelstangen
- Butter
- 80 g Kartoffelpüree*
- 1 Stück Parmesan gerieben
- Mehl
- Salz, Pfeffer, Muskat

Reis in Salzwasser ganz weich kochen. Zucchini, Oliven, Aubergine und Artischockenboden in Würfel schneiden. Spargel in kleine Scheiben schneiden und alles zusammen in Butter anschwitzen. Mit Salz, Pfeffer und Muskat abschmecken. Alle Zutaten zusammen rühren und zu kleinen Plätzchen formen. In wenig Mehl wenden und goldgelb von beiden Seiten braten.

Kräuter-Tatarensauce

- 3 Eigelb
- 5 g Salz
- 200 ml Öl
- 75 g Essiggurkenwürfel
- 40 g Kapern gehackt
- 100 g Petersilie,
- Kerbel, Estragon
- 3 Eier, hart gekocht und klein gehackt
- Zitronensaft
- 1,5 EL Essig
- 1 EL Senf
- Salz, Pfeffer, Cayennepfeffer

Eigelb, Senf und Essig mit Salz schaumig rühren, erst tropfenweise dann schneller das Öl unterziehen. Gurke, Kapern, Kräuter und Eier untermischen und abschmecken mit Salz, Pfeffer, Cayennepfeffer, Zitronensaft.

ANRICHTEN:

Die Sauce als Spiegel anrichten und das Plätzchen darauf platzieren. Mit in Streifen geschnittenen, frittierten Auberginenschalen ausgarnieren.

Hausgemachte Spaghettinudeln im Steinpilz

- Spaghettinudeln*
- Butter
- Zitronensaft
- Parmesan, gehobelt
- 1 kleine Chilischote
- 2 EL Sahne
- 2 schöne Steinpilze
- Olivenöl
- 2 EL frische, gehackte Kräuter
- 2 Knoblauchzehen, gehackt
- Salz, Pfeffer, Muskat

Spaghetti in einem Topf mit Butter schwenken. Abschmecken mit Salz, Pfeffer, Muskat, Zitrone. Parmesan, Chiliwürfelchen und Sahne unterrühren.

Steinpilze putzen und halbieren. Mit einem Pariserenneausstecher beide Seiten aushöhlen. In einer Pfanne Olivenöl erhitzen und Kräuter und Knoblauch darin anschwenken. Abschmecken mit Salz, Pfeffer, Muskat. Spaghetti zwischen den zwei Pilzhälften anrichten und schön ausgarnieren.

* Kartoffelpüree > Seite 114
* Spaghetti > Seite 114

Gemüseplätzchen mit einer Kräuter-Tatarensauce

Amuse Gueule
Markus Plein

VEGETARISCH

VEGETARISCH

Dreierlei Paprikamousse mit Tomatengelee-Schnittlauchvinaigrette

- 300 g Paprikaschoten
- 10 g Butter
- 1 Schalotte
- 1 Zweig Thymian
- 40 ml Weißwein
- 125 ml Geflügelfond*
- 10 g kalte Butterwürfel
- 2 Blatt Gelatine
- etwas Zitronensaft
- 70 ml geschlagene Sahne
- 1 MSP Knoblauch
- Prise Salz
- frisch gemahlener Pfeffer

Nach diesem Grundrezept kann die Paprikamousse in gelb, rot und grün zubereitet werden.

Paprikaschote putzen und in kleine Würfel schneiden. Butter schmelzen. Fein geschnittene Schalotte und Paprikawürfel darin glasig anschwitzen. Gewürze, Kräuter, Wein und Fond zufügen. Ohne Deckel köcheln, bis die Flüssigkeit fast verdampft ist. Die weichen Paprikawürfel mit einem Mixstab gleichmäßig fein pürieren.

Das Paprikapüree durch ein feines Sieb passieren, damit Schalen und Gewürzreste entfernt werden. Das Püree kurz erhitzen und die kalten Butterwürfel nach und nach mit einem Mixstab einrühren. Die eingeweichte, aufgelöste Gelatine einrühren, solange das Püree warm ist. Zitronensaft zufügen. Die geschlagene Sahne unter das abgekühlte Püree heben. In eine Schüssel füllen und glatt streichen. Die Masse in eine Form füllen, jede Schicht 10 Minuten kalt stellen. Mit einem Ausstecher nach Belieben ausstechen.

Tomatengelee-Schnittlauchvinaigrette

- 200 g Rispentomaten
- 2 Knoblauchzehen
- 100 g Basilikum
- 5 Blatt Gelatine
- Salz, Pfeffer
- Zucker nach Geschmack

Tomaten, Knoblauch und Basilikum mixen und mit einem Tuch über eine Schüssel aufhängen und über Nacht abtropfen lassen. Der aufgefangene Fond ist klar wie Wasser, schmeckt aber sehr intensiv wie eine Tomatenessenz. Gelatine einweichen, ausdrücken und in dem Fond auflösen. Kalt stellen bis die Masse fest ist und in schöne Würfel schneiden.

Schnittlauchvinaigrette

- 1 Zitrone
- 1 Schalotte
- 100 ml Distelöl
- 1 Bund Schnittlauch
- Salz, Pfeffer, Zucker

Zitrone auspressen und mit etwas abgeriebener Zitronenschale, fein gewürfelter Schalotte, Salz, Pfeffer, Zucker mit einem Schneebesen verrühren. Das Distelöl tropfenweise unterrühren bis die Sauce bindet. Schnittlauch ganz fein schneiden und zusammen mit den Geleewürfeln unterheben.

ANRICHTEN:

*Die Parikamousse auf Teller setzen.
Mit der Vinaigrette übergießen und schön ausgarnieren.*

Selbst Eingemachtes

Mixed Pickles mal ganz anders

- ganz kleine Cornichons
- 1 kleine Zucchini
- 1 rote und 1 gelbe Paprika
- 1 kleine Chilischote
- 1 kleine Karotte
- 8 Silberzwiebeln
- 4 kleine Knoblauchzehen
- Weitere Gemüse nach Belieben

Gemüse putzen und klein schneiden.

In kleine Gläser verteilen.

Fond

- frisches Zitronengras
- frischer Ingwer
- 300 ml Essigessenz 25%
- 300 ml Wasser
- 150 g Zucker
- Salz, Pfeffer, Muskat

Zitronengras und Ingwer grob klein schneiden. Alles zusammen aufkochen, durchziehen lassen und auf die Gläser verteilen. Gläser fest verschließen und im Ofen ca. 30 Minuten bei 180° C im Wasserbad garen. Im Einmachglas servieren.

SELBST EINGEMACHTES

Entenleberparfait

- 2 ½ Orangen
- 2 ½ Äpfel
- 2 ½ Schalotten
- 1 Stück Ingwer
- 1 Stück Zitronengras
- 30 g Thymian
- 30 g Majoran
- 50 g Butter
- 4 cl Cognac
- 2 x 4 cl Portwein rot
- 4 cl Rotwein
- 4 cl Amaretto
- 4 cl Noilly Prat (Wermut)
- 400 g Entenleber
- 320 ml Sahne
- 3 Eier
- 300 g Butter
- 3 Blatt Gelatine, eingeweicht

Orangen, Äpfel, Schalotten und Ingwer putzen und klein schneiden. Zitronengras grob schneiden, Kräuter fein hacken. Alles zusammen in Butter anschwitzen und mit Cognac, Portwein, Rotwein, Amaretto, Noilly Prat ablöschen, aufkochen und kalt werden lassen. Entenleber zusammen mit dieser Reduktion durch den Wolf drehen. Sahne und Eier mixen und unterrühren. Butter aufkochen und mit einem Zauberstab nach und nach untermixen. Sofort in kleine Gläschen füllen und bei 50° C ca. 12 Minuten im Wasserbad im Ofen einkochen. 2 cl Portwein mit Gelatine abbinden. Das Parfait damit überziehen und servieren.

Kürbis süß-sauer eingemacht

- 200 g Kürbisfleisch
- 10 g frischer Ingwer
- 150 ml Wasser
- 375 g Zucker
- 225 ml Essig
- 25 ml Aceto Balsamico weiß
- 1 Zimtstange
- 1 abgeriebene Orangenschale

Kürbisfleisch in Rauten schneiden. Ingwer schälen und in kleine Stücke schneiden. Zusammen mit den anderen Zutaten aufkochen und mit der Flüssigkeit in kleine Gläser verteilen. In einem Wasserbad im Ofen einkochen und auch so servieren.

Amuse Gueule
Markus Plein

Forrest Food

Pilze à la crème aus dem Crêpe

Crêpes

- 1 Tasse Mehl
- 2 TL Salz
- 2 Eier, verquirlt
- 1 Tasse Milch
- 15 g Butter
- 2 EL Brandy

Alle Zutaten mit einem Schneebesen verrühren bis der Teig ganz glatt ist. Eine Stunde im Kühlschrank ruhen lassen. Die Masse soll eine cremige Konsistenz haben. Dickt die Teigmischung beim Stehen ein, mit Milch verdünnen. Teig dünn in eine leicht gefettete, nicht zu große Crêpe-Pfanne geben und überall in der Pfanne verteilen. 1 Minute bei mittlerer Hitze backen, bis die Unterseite goldbraun ist. Crêpe wenden und die andere Seite backen.

- 100 g Pilze
- 30 g Butter
- 2 Knoblauchzehen
- 1 Zwiebel
- 100 ml Braune Sauce*
- 80 ml Sahne
- Saft einer halben Zitrone
- Salz, Pfeffer

Pilze putzen und in Butter anbraten. Knoblauch und Zwiebel schälen, fein würfeln und dazu geben. Mit Brauner Sauce und Sahne ablöschen. Abschmecken mit Salz, Pfeffer und Zitrone.

Kleine Tontöpfe mit den Crêpes auskleiden und die Pilze einfüllen. Mit Kartoffelchips und Kräuterspitzen ausgarnieren.

* Braune Sauce > Seite 115

Rinder-Pilz-Roulade

- 200 g frische Pilze
- Olivenöl
- 4 kleine Rinderrouladen
- 5 Knoblauchzehen
- 1 Zwiebel
- Zitronensaft
- gemischte Kräuter, fein geschnitten
- 2 Tomaten
- 200 g mageres Putenfleisch
- 3 EL Senf
- 1 Ei
- 50 ml Sahne
- 6 Speckscheiben
- 3 Zwiebeln in Streifen geschnitten
- Salz, Pfeffer, Muskat

Pilze putzen und klein schneiden und in einer Pfanne in heißem Olivenöl anschwitzen, Knoblauch und Zwiebel schälen, ganz fein würfeln und dazu geben. Abschmecken mit Salz, Pfeffer, Muskat, Zitronensaft und gehackten Kräutern. Tomaten in kleine Würfel schneiden und untermischen. Putenfleisch klein schneiden mit Senf, Ei, Salz, Pfeffer und Kräutern mixen. Mit Sahne abschmecken und die Farce unter die Pilzmasse rühren. Rouladenfleisch auslegen mit Salz und Pfeffer würzen und Senf bestreichen, Zwiebelstreifen in Butter glasieren und zusammen mit den Speckscheiben darauf legen. Die Pilzmasse gleichmäßig darauf verteilen. Die Roulade zusammen rollen und rundherum anbraten.

Für die Sauce

- 1 kl. Bund frisches Suppengemüse
- 2 Knoblauchzehen
- 100 ml Rotwein
- 80 ml Balsamicoessig
- 250 ml dunkler Fleischfond*
- Speisestärke

Gemüse putzen, Knoblauch schälen, klein schneiden und zu den Rouladen geben. Mit Wein, Essig und Fleischfond ablöschen. Bei geschlossenem Deckel ca. 45 Minuten köcheln lassen. Rouladen heraus nehmen und die Sauce mit Speisestärke binden. Rouladen in dünne Scheiben schneiden und mit der Sauce servieren. Mit Kräutern und Pilzen garnieren.

Fleischfond > Seite 116

Steinpilzcarpaccio

- 4 schöne feste Steinpilze
- 50 ml Balsamicoessig
- 50 ml Olivenöl
- 2 Knoblauchzehen
- 1 Tomate
- verschiedene Kräuter
- 1 Stück Parmesan, fein gerieben
- Salz, Pfeffer
- Zucker

Pilze putzen und in gleichmäßige dünne Scheiben schneiden. Die Steinpilzscheiben auf Tellerchen verteilen und mit Salz und Pfeffer würzen. Balsamico und Olivenöl zu einer Vinaigrette rühren und abschmecken mit Salz, Pfeffer, Zucker. Knoblauch schälen und fein würfeln. Kerngehäuse aus der Tomate entfernen und Fruchtfleisch fein würfeln. Kräuter fein schneiden. In die Vinaigrette geben. Die Steinpilze mit der Vinaigrette beträufeln. Mit Parmesan bestreuen und schön ausgarnieren.

Aus einem Topf

Minestrone

Für ca. 20 Portionen

- 200 g Staudensellerie
- 200 g Karotten
- 300 g festkochende Kartoffeln
- 200 g Erbsenschoten
- 120 g weiße Bohnenkerne
- 150 g Blumenkohl
- 100 g Zucchini
- 200 g Lauch
- 4 Tomaten
- 20 g Butter
- 1 EL Olivenöl
- 2 l Geflügelfond*
- 80 g Suppennudeln
- 100 g durchwachsener Speck
- 1 Gemüsezwiebel
- 2 Knoblauchzehen
- 3 EL gemischte gehackte Kräuter
- 80 g gehobelter Parmesan
- Salz, frisch gemahlener Pfeffer

Alle Gemüse waschen und wie folgt vorbereiten: Staudensellerie, Karotten, Kartoffeln schälen und in Scheiben schneiden. Erbsen und Bohnen auspulen. Blumenkohl in kleine Röschen zerteilen und Zucchini in Scheiben schneiden. Lauch in Ringe schneiden und nochmals waschen. Tomaten abziehen, entkernen und in Streifen schneiden. Butter und Olivenöl in einem Topf erhitzen. Staudensellerie, Karotten, Kartoffeln, Erbsen, Bohnenkerne und Blumenkohl zugeben und würzen. Kurz mit anschwitzen, Geflügelfond zugießen und aufkochen. Die Nudeln hinzufügen. Nach 5 bis 8 Minuten Zucchini und Lauch beigeben. Inzwischen Speck, Zwiebel und Knoblauch fein schneiden und in einer Pfanne bei mittlerer Hitze glasig schwitzen. Nach etwa 20 minütiger Garzeit mit den Tomatenstreifen, den Kräutern und dem Parmesan zur Suppe geben. In kleine Gäschen füllen und mit einem Mini-Gemüsespiess ausgarnieren.

* Geflügelfond > Seite 116

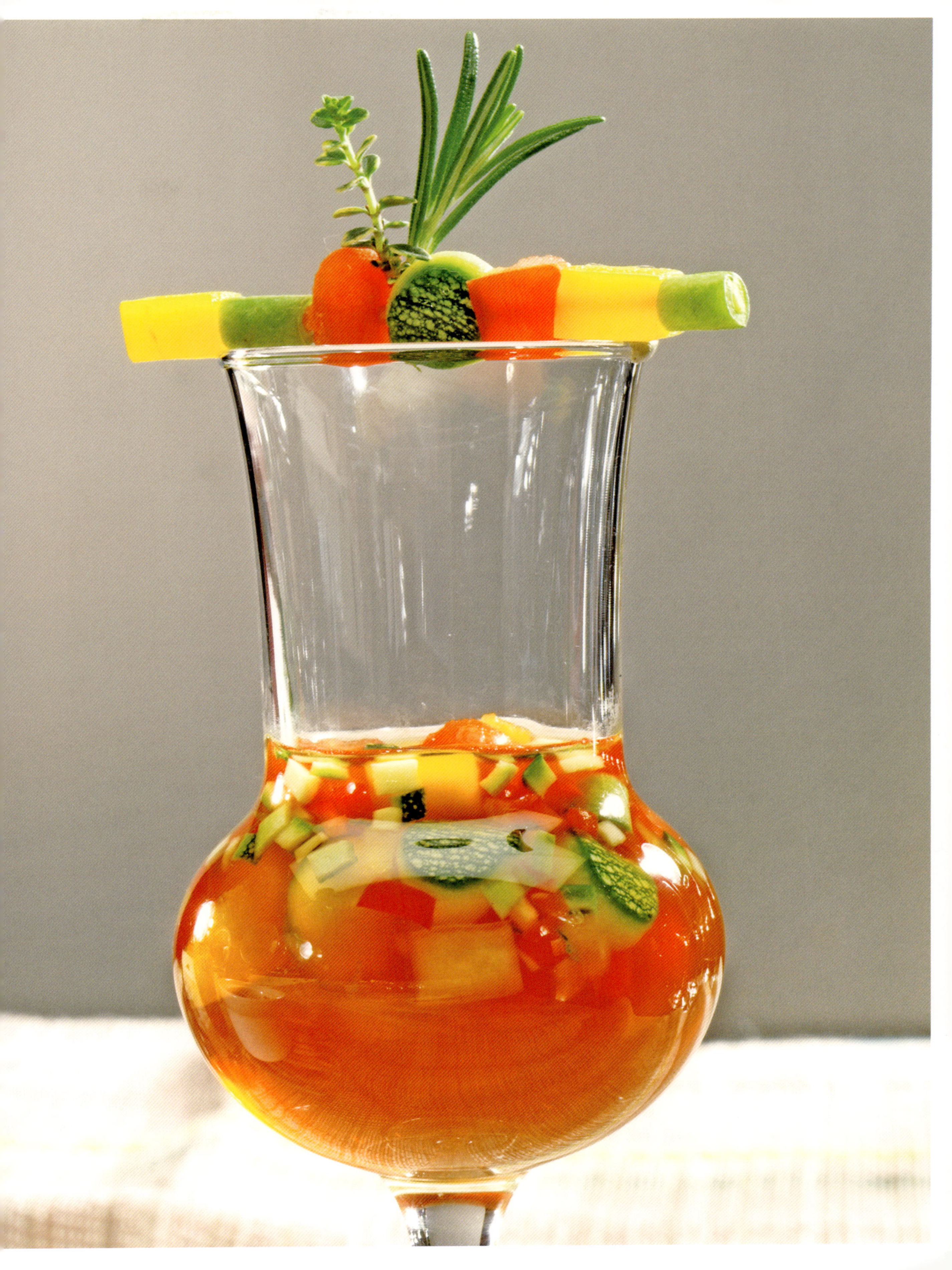

Serbische Bohnensuppe mit Cabanossiwürstchen

- 250 g Rauchfleisch
- 1 Zwiebel
- Butter
- 500 g frische Brechbohnen
- 2 Paprikaschoten oder 250 g geschnittene Paprika
- 2 Knoblauchzehen
- 4 Kartoffeln
- 1 Dose ganze Tomaten
- Brühe gekocht
- 1 Dose weiße Bohnen
- 3 Cabanossiwürstchen
- Bohnenkraut
- Liebstöckel
- Paprikapulver scharf
- Salz, schwarzer Pfeffer

Rauchfleisch in Würfel schneiden, Zwiebel schälen und in Würfel schneiden und zusammen in Butter anschwitzen. Brechbohnen und Paprika putzen und klein schneiden. Knoblauch und Kartoffeln schälen und klein schneiden. Tomaten klein schneiden und zusammen dazu geben. Mit Brühe auffüllen und leicht weich kochen lassen. Dann Bohnen, in Scheiben geschnittene Cabanossiwürstchen und Gewürze dazu geben. Nochmals kurz kochen lassen und abschmecken. In kleinen Gefäßen anrichten und mit Kräutern und Selleriefrit* garnieren.

Irish Stew

- 4 Scheiben Lammfleisch
- 1 EL Bratfett
- 1 Kartoffel, in dicke Scheiben geschnitten
- 1 Möhre, diagonal geschnitten
- 1 Zwiebel, dick geschnitten
- Salz, Pfeffer, Muskat
- 2 Tassen Rinderbrühe
- 1 TL frischer Thymian gehackt
- andere frische Kräuter gehackt

Lammfleisch in 1 cm große Würfel schneiden. Bratfett in einer Pfanne erhitzen, Lammfleisch braten, bis es braun ist, aus der Pfanne nehmen, abtropfen lassen.

Möhre, Zwiebel, Kartoffel in Würfel schneiden, getrennt in Brühe gar kochen. Abschmecken mit Salz, Pfeffer und Muskat. Kräuter untermischen. Schichtweise in hitzebeständige Gläser füllen. Im Ofen bei schwacher Hitze garen. Ausgarnieren mit Lauch- und Möhrenscheibchen, Trüffelstreifen und frischen Kräutern.

Selleriefrit > Seite 113

Pasta? Basta!

Schlutzkrapfen

Farfalle mit Speck-Parmesan-Sahnesauce

Gratinierte Makkaroni mit frischem Trüffel

Farfalle mit Speck-Parmesan-Sahnesauce

* Nudelteig*
* 200 g Bauchspeck
* 1 EL Pflanzenfett
* ¼ l Sahne
* 80 g frisch geriebener Parmesan
* 3 Eier
* Salz, frisch gemahlener Pfeffer

Nudelteig herstellen.

Farfalle Schmetterlinge werden aus Rechtecken unterschiedlicher Größe hergestellt von 1,5 x 3 cm bis 3 x 6 cm. Man kann auch erst Quadrate schneiden und diese mit einem gezackten oder glatten Teigrädchen teilen. Mit den Fingern die Mitte der Rechtecke zusammen drücken. Auf einer bemehlten Arbeitsfläche antrocknen lassen.

Den Speck in dünne Scheiben und dann in dünne Streifen schneiden. Das Fett in einer entsprechend großen Pfanne erhitzen, die Streifen darin knusprig braten und beiseite stellen. In einem Topf die Sahne um die Hälfte reduzieren und erkalten lassen. Den Parmesan zugeben, mit Salz und Pfeffer abschmecken und den Speck darunter rühren.

Die Nudeln abkochen und abschütten und unter die Sauce geben. Nochmals abschmecken. Anrichten und mit Kräutern und Karottenfrit* ausgarnieren.

Schlutzkrapfen

* 150 g Weizenmehl
* 100 g Roggenmehl
* 1 Ei
* 2 EL Öl
* 75 ml Wasser

Zutaten zu einem festen Teig kneten so lange bis er ganz glatt ist. Anschließend ruhen lassen.

Füllung

* 375 g Spinat
* gehackte Petersilie
* gehackter Liebstöckel
* 15 g Butter
* 30 g feine Zwiebelwürfel
* 1/8 l heiße Milch
* 20 g frisch geriebener Parmesan
* 1 Eiweiß zum Bestreichen
* 50 g Butter
* 50 g frisch geriebener Parmesan
* Salz, frisch gemahlener Pfeffer
* geriebene Muskatnuss

Den gewaschenen Spinat in Salzwasser blanchieren, bis er zusammen fällt. Abseihen und kalt abschrecken, sehr gut ausdrücken und fein hacken. Mit den fein gehackten Kräutern mischen. Die Butter in einem Topf erhitzen und die Zwiebelwürfelchen glasig schwitzen. Die Milch unter Rühren aufgießen, einmal aufkochen und zu einer sämigen Bechamel einkochen lassen. Mit Salz, Pfeffer und Muskat würzen, zuletzt den Parmesan untermischen. Den Nudelteig sehr dünn ausrollen und Teigscheiben von 8 cm Durchmesser ausstechen. ½ EL Füllung in die Mitte setzen, rundum mit Eiweiß bestreichen, zu Halbmonden zusammenklappen und die Ränder mit den Zinken einer Gabel zusammendrücken.

Das Ausrollen und Füllen muss bei diesem Nudelteig zügig erfolgen, weil er durch den Roggenmehlanteil schnell austrocknet.

Die Teigtaschen in sprudelnd kochendem Salzwasser etwa 10 Minuten kochen lassen, abtropfen und anrichten. Butter zerlassen und darüber gießen. Mit Kräutern und geriebenem Parmesan ausgarnieren.

* Nudelteig > Seite 114
* Karottenfrit > Seite 113

Gratinierte Makkaroni mit frischem Trüffel

- 300 g Makkaroni
- 60 g Butter
- 60 g geriebener Parmesan
- verschiedene gehackte Kräuter
- 3 Knoblauchzehen, ganz fein gehackt
- 1 rote Chilischote, ganz fein geschnitten
- Salz, Pfeffer, Muskat

Die Nudeln in Salzwasser kochen und abseihen. Dann spiralförmig in einen Teller einlegen und zwar am besten von außen nach innen. Übrige Zutaten in einer Pfanne mit der Butter anschwenken und mit Salz, Pfeffer und Muskat abschmecken.

* Lauchfrit > Seite 113

Für die Sauce zum Gratinieren

- 2 Zwiebeln
- 5 Speckscheiben
- 50 g Butter
- 100 ml Weißwein
- 400 ml Sahne
- 3 Eigelb
- verschiedene Kräuter, fein gehackt
- Zitronensaft
- 50 ml Trüffelöl
- 100 g Trüffel
- Salz, Pfeffer, Muskat

Zwiebeln schälen und fein würfeln, Speck in feine Streifen schneiden und beides in Butter anschwitzen. Ablöschen mit Weißwein und reduzieren lassen. Sahne dazu geben und weiter reduzieren lassen. Eigelbe und Kräuter darunter mixen. Abschmecken mit Salz, Pfeffer, Muskat, Zitronensaft. Die Sauce über die Nudeln nappieren und im Backofen gratinieren. Vor dem Anrichten Trüffelöl darüber träufeln, den Trüffel in Spiralen schneiden und darauf anrichten. Garnieren mit Lauchfrit*, Salbeiblatt, und einer kleinen Tomatenrose.

TOLLE KNOLLE

Gefüllte Kartoffelrosette

- 4 rohe Kartoffeln
- Öl
- verschiedene Pilze
- Butter
- 1 Zwiebel
- 2 Knoblauchzehen
- verschiedene Kräuter
- Zitronensaft
- 1 Stück Parmesan
- Salz, Pfeffer, Muskat

Kartoffeln schälen und auf der Aufschnittmaschine in dünne Scheiben schneiden. Aus den Scheiben 8 kleine Rosetten anordnen und in einer Pfanne in Öl von beiden Seiten goldgelb braten. Pilze putzen, in kleine Würfel schneiden und in Butter andünsten. Zwiebel und Knoblauch schälen und ganz fein würfeln. Zu den Pilzen geben und alles zusammen so lange schmoren lassen, bis die Masse trocken ist. Gehackte Kräuter und geriebenen Parmesan darunter geben. Abschmecken mit Salz, Pfeffer, Muskat, Zitrone. Vier Rosetten auf Schälchen verteilen, die Pilzmasse darauf geben und mit den übrigen Rosetten abdecken. Garnieren mit einem Kartoffelchip und Kräutern.

Kartoffel-Kürbisgnocchis mit Minimangoldblättern

- 200 g Kartoffeln
- 200 g Kürbisfleisch
- 80-100 g Mehl
- 2 Eier
- Butter
- 80 g kleine Mangoldblätter
- Basilikumpesto
- 30 ml Kürbiskernöl
- 80 g Parmesan gerieben
- Salz, Pfeffer, Muskat

Kartoffeln schälen, klein schneiden, in Salzwasser garen, abschütten und ausdämpfen. Mit einer Kartoffelpresse in eine Schüssel durchpressen. Kürbisfleisch würfeln und kochen. Ein paar Würfel aufheben. Den Rest pürieren und zu den Kartoffeln geben. Mehl und Eier dazu geben und zügig zu einem glatten Teig verarbeiten. Gnocchiteig zu Stangen ausrollen und in gleichmäßige Stücke schneiden. Über einen Gabelrücken abrollen, so dass ein Muster entsteht. Mit dem Daumen eine kleine Delle eindrücken, die nachher die Sauce auffängt. In Salzwasser abkochen und abschütten. In Butter braten und abschmecken mit Salz, Pfeffer, Muskat. Zum Schluss die rohen Minimangoldblätter und Würfel von dem gegarten Kürbisfleisch darunter schwenken und anrichten. Basilikumpesto und Kürbiskernöl darüber träufeln und mit gehobeltem Parmesan bestreuen.

TOLLE KNOLLE

Kartoffelkrapfen mit Spinat-Parmesanfüllung

- 250 g Kartoffeln
- 150 g Mehl
- 3 Eigelb
- 2 El Olivenöl
- Salz, Muskat

- 100 g frischer Spinat
- 1 Tomate
- 100 g Parmesan, fein gehobelt
- 16 Salbeiblätter
- Ei zum Bestreichen
- 50 g Butter
- Salz, Pfeffer, Muskat

Kartoffeln schälen, klein schneiden und in Salzwasser garen, abschütten, ausdämpfen. Mit einer Kartoffelpresse in eine Schüssel durchpressen. Übrige Zutaten dazu geben und zügig zu einem glatten Teig verarbeiten.

Spinat blanchieren, ausdrücken und ganz klein schneiden. Tomate entkernen und fein würfeln, einige Würfelchen aufheben. Spinat, Tomaten und Parmesan in einer Schüssel vermengen und abschmecken mit Salz, Pfeffer. Den Kartoffelteig ausrollen und Halbmonde mit 4 cm Durchmesser ausstechen. Mit Ei einstreichen, die Füllung darauf geben und mit einem anderen Halbmond, möglichst ohne Lufteinschlüsse, abdecken. Dann in kochendes Salzwasser geben und 2 Minuten kochen lassen, absieben und in einer Pfanne in Butter langsam goldgelb braten. Die Kartoffelkrapfen heraus nehmen und anrichten. In der heissen Butter die übrigen Tomatenwürfelchen schwenken und über die Krapfen gießen. Mit frittierten Salbeiblättern ausgarnieren.

Mosel-Riesling zum Essen

Riesling-Schaumsüppchen mit Trauben im Weinteig

Riesling-Schaumsüppchen

- 1 Zwiebel
- 50 g Butter
- 100 ml Riesling
- 200 ml Geflügelfond*
- 300 ml flüssige Sahne
- Speisestärke
- Salz, Pfeffer, Muskat

Zwiebel schälen und klein schneiden und in einem Topf in Butter anschwitzen. Ablöschen mit Riesling und ein wenig köcheln lassen. Den Geflügelfond dazu geben und wieder einkochen lassen. Sahne zugeben und noch einmal einkochen lassen. Abschmecken mit Salz, Pfeffer, Muskat und mit Speisestärke sämig binden.

* Geflügelfond > Seite 116

Weinteig

- 150 ml Riesling
- 150 g Mehl
- 50 g Zucker
- 1 Eigelb
- 1 EL Traubenkernöl
- 1 Eiweiß
- 4 Trauben

Riesling, Mehl, Zucker, Eigelb und Traubenkernöl in einer Schüssel verrühren zu einer glatten Masse. Das Eiweiß aufschlagen und vorsichtig unterheben.

Trauben in den Teig geben, einzeln mit einer Gabel herausnehmen und in der Friteuse bei 180° C goldgelb ausbacken.

Die Suppe anrichten, Trauben aufspiessen und über Suppe anrichten. Mit Kräutern ausgarnieren.

MOSEL-RIESLING ZUM ESSEN

Gefüllte Schinkensäckchen

- 200 g Melonenfleisch
- 50 g Minze
- 50 g Schwarze Nüsse*
- 4 schöne Scheiben Schinken*
- 1 EL Honig
- frischer Schnittlauch
- Salz
- Pfeffer
- Muskat
- Zucker

Melonenfleisch fein würfeln. Minze in feine Streifen schneiden. Schwarze Nüsse ganz fein hacken. Alle Zutaten zusammen in einem Topf verrühren und erhitzen. Abschmecken mit Salz, Pfeffer, Honig, Muskat und Zucker. Dieses Confit auf die Schinkenscheiben verteilen und mit einem abblanchierten Schnittlauchfaden zusammenbinden, so dass ein Säckchen entsteht.

*Schwarze Nüsse > Seite 113
*Schinken > Seite 117

Amuse Gueule
Markus Plein

MOSEL-RIESLING ZUM ESSEN

Riesling-Käse mit Schwarzer Nuss

❋ 80 g Riesling-Käse*
❋ 1 Schwarze Nuss*

Die Schwarze Nuss in Scheiben schneiden, den Riesling-Käse in vier Stücke teilen. Je ein Stück Käse mit einer Nussscheibe anrichten.

* Rieslingkäse > Seite 117
* Schwarze Nuss > Seite 113

HAUPTGERICHTE

- *Sternzeichen Fisch*
- *Wild Things*
- *Federvieh*
- *Kleine Schweinereien*
- *Rinderwahnsinn*
- *Hier Exoten nicht verboten*
- *Wolle Du Lamm?*

STERNZEICHEN FISCH

Steinbutt mit Kartoffelschuppen, Petersiliewurzelpüree und einer Nage

(Nage: die Brühe aus dem eigenen Produkt)

- 4 Stücke Steinbutt
- 1 Ei
- 100 ml flüssige Sahne
- 1 Zitrone
- 1 EL Senf
- 1 große Kartoffel
- Salz, Pfeffer

Steinbutt auslösen und portionieren. Die Fischfleischreste mit einem Ei und flüssiger Sahne zu einer Farce mixen. Abschmecken mit Salz, Pfeffer, Zitrone und Senf. Kartoffel schälen, und mit einem Apfelausstecher ausstechen. Die Kugeln in dünne Scheiben schneiden. Die Farce dünn auf den Fisch streichen, die Kartoffelscheiben darauf fächern und fest andrücken.

Petersilienwurzelpüree

- 4-5 Petersilienwurzeln mit Grün
- 250 ml Geflügelbrühe
- 250 ml Sahne
- 1 Zitrone
- 50 ml Olivenöl
- Petersilie
- Salz, Pfeffer, Muskat

Petersilienwurzeln schälen und in kleine Stücke schneiden, in Geflügelbrühe und Sahne gar kochen bis die Flüssigkeit verkocht ist. Abschmecken mit Salz, Pfeffer, Muskat, Zitrone. Alles zu einem Püree mixen. Petersiliengrün fein hacken und unterheben.

Den Steinbutt auf der Kartoffelseite in Olivenöl goldgelb braten, wenden und durchbraten. Den Fisch in Suppenkellen anrichten und das Petersilienpüree als Nocke darauf setzen. Den Nagesud mit verschiedenen gehackten Kräutern angießen. Mit Trockentomatenpulver und Basilikumkrone ausgarnieren.

STERNZEICHEN FISCH

Gebratener Zander auf Schnippelbohnen-Kartoffelpüree

- 50 g Bohnen
- 50 g Speckwürfel
- 50 g Zwiebelwürfel
- Butter
- 200 g Kartoffelpüree*
- 4 Stücke Zanderfilet mit Haut
- Zitronensaft
- Mehl
- Salz, Pfeffer

Bohnenenden abschneiden. Bohnen in Salzwasser abkochen, schräg schnippeln und mit Speckwürfeln und Zwiebelwürfeln in Butter anschwitzen. Bohnen mit dem Kartoffelpüree vermischen.

Zanderfilet würzen mit Salz, Pfeffer, Zitrone. Hautseite mehlieren und in Butter goldgelb anbraten, wenden und fertig braten.

* Kartoffelpüree > Seite 114

Wels in einem Wurzelsud

- 1 Karotte
- 1 kleine Sellerie
- 2 Petersilienwurzeln
- 1 kleine Stange Lauch
- 2 Tomaten
- 1 Zitrone
- 4 Stücke Wels
- Salz, Pfeffer

Für den Wurzelsud Karotten, Sellerie und Petersiliewurzel schälen und in Rauten schneiden. Lauch waschen und in dünne Rauten schneiden, Tomaten vierteln, Kerngehäuse entfernen und in Rauten schneiden. Zutaten nacheinander zu einem Gemüsesud aufkochen. Mit Salz, Pfeffer und Zitronensaft abschmecken.

Welsscheiben von beiden Seiten mit Salz, Pfeffer und Zitronensaft würzen und in dem heißen Sud gar ziehen lassen. Den Fisch mit etwas Sud in kleinen Schälchen anrichten. Ausgarnieren mit fein geriebenem Meerrettich.

Amuse Gueule
Markus Plein

Wild Things

Rehragout auf Schupfnudeln mit glasierten Walnüssen

- 1 Karotte
- ¼ Sellerieknolle
- 1 Zwiebel
- ¼ Lauchstange
- 200 g Rehfleisch
- Tomatenmark
- Balsamicoessig
- 200 ml Glühwein
- 150 ml Rotwein
- 300 ml Fleischfond*
- 2 EL Preiselbeergelee
- 1 EL Senf
- Speisestärke
- Wildgewürz (Wacholderbeeren, Lorbeer, Piment, Pfefferkörner, Zimtstange)
- Salz, Pfeffer

Rehkeule oder Schulter parieren und in Würfel schneiden. Karotten, Sellerie und Zwiebeln schälen und in Würfel schneiden. Lauch waschen und in Scheiben schneiden. Rehfleisch heiß anbraten, würzen mit Salz, Pfeffer und Wildgewürz. Mit Tomatenmark abglasieren. Ablöschen mit Balsamicoessig, Glühwein und Rotwein. Mit Fleischfond auffüllen, Gemüsewürfel zugeben und langsam köcheln lassen bis alles gar ist. Abbinden und noch einmal abschmecken mit Salz, Pfeffer, Wildgewürz, Preiselbeergelee und Senf.

Schupfnudeln

- 250 g festkochende Kartoffeln
- 2 Eigelb
- 150 g Mehl, durchgesiebt
- Öl
- Butter
- Salz, Pfeffer, Muskat

Kartoffeln kochen, abpassieren, im Topf trocken dämpfen dann durch eine Presse drücken. Mit Eigelb und Mehl zu einem festen Teig kneten, abschmecken mit Salz, Pfeffer und Muskat. Den Kartoffelteig in dünne Rollen formen und in Scheiben schneiden, dann durch die Handflächen drehen, so dass die äußeren Enden spitz zulaufen. Sofort in kochendem Wasser mit Salz und Öl abkochen. Heraus nehmen, trocknen lassen und in Butter goldgelb anbraten.

- 20 g Honig
- 20 g Zucker
- 20 g Butter
- 4 Walnusshälften

Honig, Zucker und Butter erhitzen und die Walnüsse darin glasieren. Das Ragout und die Schupfnudeln in kleinen Schälchen anrichten. Mit den Walnusshälften und wilder Minze ausgarnieren.

* Fleischfond > Seite 116

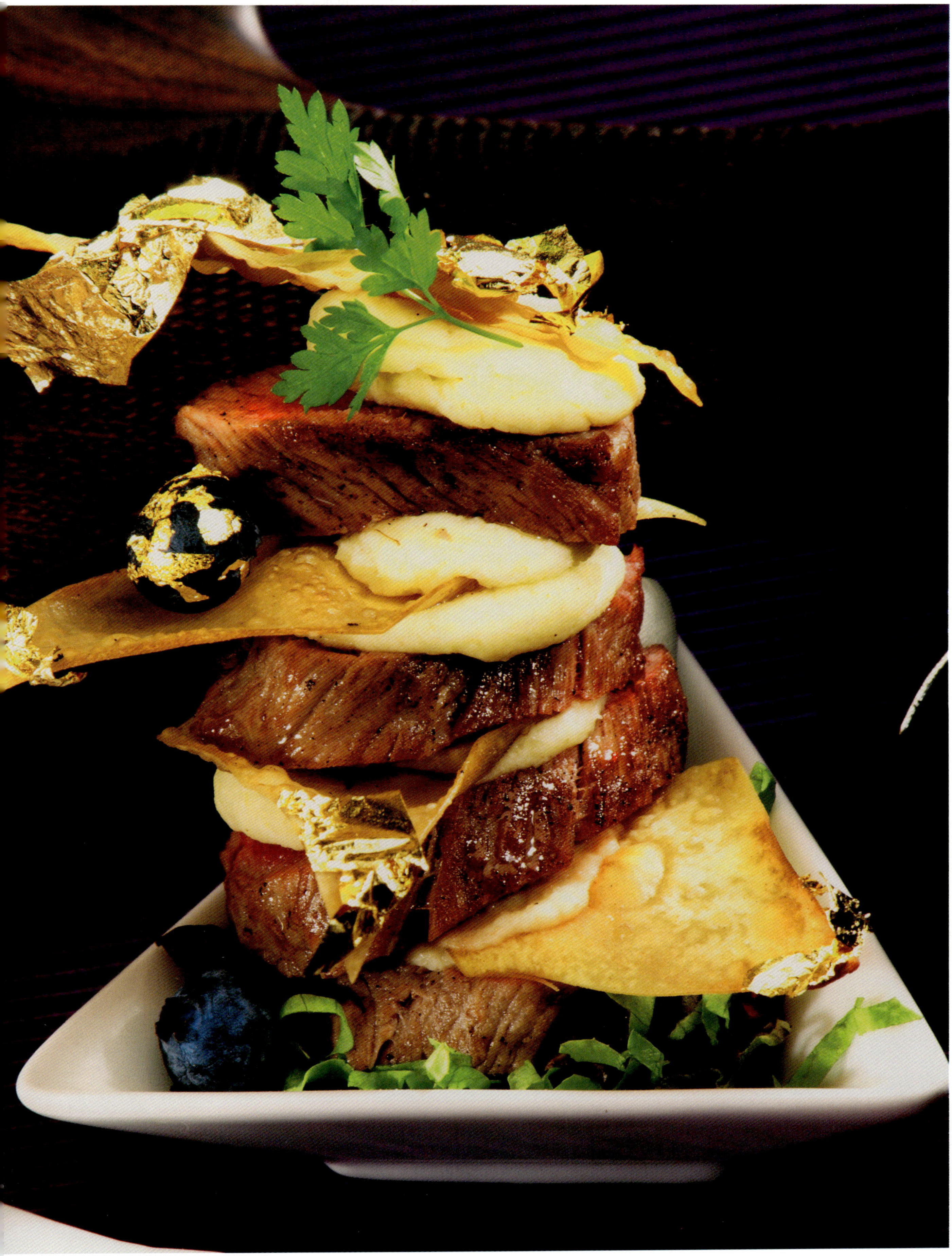

Wildschwein Mille Feuille

- 1 Wildschweinfilet
- 1 Päckchen Blätterteig
- 200 g Kartoffelpüree*
- 8 EL Wildsauce*
- frische Kräuter
- Salz, Pfeffer
- Wildgewürz

Wildschweinfilet in dünne Scheiben schneiden, mit Salz, Pfeffer und Wildgewürz würzen und von allen Seiten anbraten. Im Backofen bei 150° C ca. 2 Minuten ruhen lassen.

Blätterteig dünn ausrollen und kleine Dreiecke ausschneiden, mit einer Gabel einlochen und im Ofen goldgelb backen.

Abwechselnd Wildschweinfiletscheiben, Blätterteigplatten, und Kartoffelpüree aufeinander schichten und die Wildsauce angießen. Mit Blattgold und Kräuterästchen ausgarnieren.

* Kartoffelpüree > Seite 114
* Wildsauce > Seite 116

Hirschleber mit glasierten Äpfelchen und Röstzwiebeln

- 200 g Hirschleber
- 1 Apfel
- 50 g Butter
- 100 ml Apfelsaft
- 100 ml Orangensaft
- Zucker
- Zimt
- 1 Zwiebel
- Mehl
- frische Kräuter
- 2 kleine Steinpilze

Hirschleber abhäuten, in kleine Scheiben schneiden. Aus dem Apfel mit einem Kugelausstecher kleine Äpfelchen austechen und in Butter, Apfelsaft, Orangensaft, Zucker, Honig, Zimt glasieren. Zwiebel schälen, halbieren, und in dünne Scheiben schneiden, mehlieren und in Fett goldgelb und knusprig ausbacken. Hirschleberscheiben in Mehl wenden und in der Pfanne von beiden ca. 2 Minuten anbraten. Anrichten in aufgeschlagene Kokosnüsse. Glasierte Äpfelchen mit ein wenig Fond darüber geben und mit Röstzwiebeln und Kräutern ausgarnieren.

Federvieh

Wildtaube auf Wirsinggemüse mit Kartoffelraute

- 2 Wildtauben
- 300 g Wirsingblätter
- 1 Zwiebel
- 50 g Butter
- 50 ml Weißwein
- 150 ml Geflügelfond*
- 100 ml Sahne
- Speisestärke
- 1 Zitrone
- 2 dünne Speckscheiben
- 30 g Karottenwürfelchen
- 30 g Lauchwürfelchen
- 30 g Selleriewürfelchen
- verschiedene Kräuter
- 200 g Kartoffelpüree*
- 2 Platten Blätterteig
- 1 Eigelb
- fein geschnittene verschiedene Kräuter
- 2 Knoblauchzehen
- 200 ml Wildsauce*
- Sahne
- Olivenöl
- Salz, Pfeffer
- Wildgewürz

* Geflügelfond > Seite 116
* Kartoffelpüree > Seite 114
* Wildsauce > Seite 116

Brüste und Keulen der Tauben auslösen. 4 Wirsingblätter blanchieren. Restliche Wirsingblätter in dünne Streifen schneiden. Zwiebel schälen, fein würfeln und in Butter andünsten. Mit Weißwein ablöschen. Brühe und Sahne zugeben und einkochen lassen. Wirsingstreifen dazu geben, abbinden mit Speisestärke und abschmecken mit Salz, Pfeffer, Muskat und Zitronensaft. Je ein Wirsingblatt in eine kleine Kelle legen. Einen Löffel Wirsinggemüse hinein geben, mit dem Blatt fest zu einem Bällchen zusammen drücken. Dünne Speckscheiben im Kreuz um das Bällchen wickeln und im Ofen ca. 10 Minuten bei 180° C backen. Gemüsewürfelchen blanchieren und mit den gehackten Kräutern unter das Kartoffelpüree heben.

Das Püree gleichmäßig 2,5 cm dick auf eine Blätterteigplatte streichen. Die andere Platte darauf legen, ein wenig andrücken und mit Eigelb einstreichen. Vorsichtig in Rauten schneiden, auf ein mit Backpapier ausgelegtes Blech setzen und im Ofen goldgelb backen bei 180° C. Die Taubenbrüstchen und Keulen würzen mit Salz, Pfeffer, Wildgewürz. Von allen Seiten anbraten, auf ein Blech setzen, mit Olivenöl beträufeln. Verschiedene Kräuter und Knoblauchzehen mit Schale darüber verteilen und im Backofen bei 180° C 2 Minuten garen. Kräuter und Knoblauch dienen als Geschmacksträger, können aber auch zum fertigen Gericht gegeben werden. Wirsingbällchen und Kartoffelraute auf Minitellern anrichten. Taubenfleisch aufschneiden und daneben auf ein Rosmarinästchen setzen. Sauce darüber träufeln. Ausgarnieren mit einigen Meersalzkörnern, Preiselbeeren und Anissternen.

FEDERVIEH

Fasan mit süßem Kraut und Anna-Kartoffel

- 300 g Weißkohlblätter
- 150 g Speck
- 1 Zwiebel
- Olivenöl
- Honig
- frische Kräuter
- 3 schöne kleine Kartoffeln
- 1 Fasan, küchenfertig
- 2 Knoblauchzehen
- 200 ml Wildsauce*
- Zucker
- Salz, Pfeffer
- Wildgewürz
- Kümmel, gehackt

Weißkohlblätter in feine Streifen schneiden, Speck fein würfeln, Zwiebel schälen und fein würfeln. Alles zusammen in Öl anschwitzen. Würzen mit Salz, Pfeffer, Kümmel, Zucker, Honig und gehackten Kräutern. Kartoffeln schälen, in dünne runde Scheiben schneiden, gleichmäßig zu einer Rosette zusammenlegen. Die Rosette vorsichtig von beiden Seiten goldgelb braten und würzen mit Salz und Pfeffer. Die Fasanenbrüstchen und Keulen auslösen, würzen mit Salz, Pfeffer, Wildgewürz. Rundherum goldgelb anbraten und auf ein Blech setzen. Olivenöl, verschiedene Kräuter, Knoblauchzehen mit Schale dazu geben und bei 180° C ca. 4-5 Minuten backen. Kräuter und Knoblauch dienen als Geschmacksträger, können aber auch zum fertigen Gericht gegeben werden.

Anna-Kartoffeln in kleine runde Schälchen anrichten. Aus dem Kraut mit zwei Löffeln Nocken formen und in der Mitte anrichten. Das Fleisch darauf setzen. Mit Sauce nappieren und mit Karottenfrit*, Kräuterbündchen und Tomatenwürfelchen ausgarnieren.

Rebhuhn mit glasierten Trauben und Rosmarinkartoffeln

- 10 schwarze Trauben
- Honig
- 100 ml Traubensaft
- 4 ganz kleine Kartoffeln
- Butter
- 1 Bund Rosmarin
- 2 Rebhühner, küchenfertig
- Olivenöl
- verschiedene Kräuter
- 1 Knoblauchzehe
- 100 ml Wildsauce*
- Zucker
- Salz, Pfeffer, Wildgewürz

Trauben enthäuten, vierteln und entkernen. In einer Pfanne mit Honig, Zucker und Traubensaft glasieren. Kartoffeln schälen, in Form bringen und in Salzwasser kochen. Anschließend in Butter goldgelb glasieren. Mit Salz und Pfeffer würzen. Rosmarin fein hacken und dazu geben.

Rebhuhnbrüstchen und Keulen auslösen, würzen mit Salz, Pfeffer und Wildgewürz. Von allen Seiten anbraten. Auf ein Backblech setzen, mit Olivenöl beträufeln, verschiedene Kräuter darüber streuen, Knoblauchzehe mit Schale darauf setzen. Im Ofen bei 180° Grad 2-3 Minuten backen. Rosmarinkartoffeln und Traubenviertel sternförmig anrichten, Rebhuhnfleisch darauf setzen und mit der Sauce nappieren. Mit Karottenfrit* und einem Kräuterbündchen ausgarnieren.

* Wildsauce > Seite 116
* Karottenfrit > Seite 114

Kleine Schweinereien

Schweinegeschnetzeltes auf Kartoffel-Speckrösti

- 4 Schweinemedaillons
- 2 kleine Champignons
- 1 Zwiebel geschält und in Würfel geschnitten
- 50 ml Weißwein
- Zitronensaft
- 200 ml Braune Sauce*
- 50 ml Sahne
- 1 große Kartoffel
- 1 Eigelb
- Öl zum Ausbacken
- Salz, Pfeffer
- Muskat

Medaillons in feine Streifen schneiden, mehlieren, in heißem Öl von allen Seiten anbraten und aus der Pfanne nehmen. Pilze putzen und klein schneiden, Zwiebeln schälen und in feine Streifen schneiden. Beides in der selben Pfanne anbraten. Mit Weißwein ablöschen, je einen Schuss Braune Sauce und Sahne dazu geben und ein wenig einkochen lassen. Abschmecken mit Salz, Pfeffer und Zitronensaft. Die gebratenen Fleischstreifen dazu geben und durchschwenken. Einen Esslöffel geschlagene Sahne und verschiedene gehackte Kräuter unterheben.

Kartoffel waschen, mit der Schale kochen, sodass der Kern noch fest bleibt, pellen und auf der breiten Seite der Reibe reiben. Eigelb dazu geben, mit Salz, Pfeffer und Muskat würzen und alles mischen. Aus der Masse kleine runde Plätzchen formen und in einer Pfanne goldgelb ausbacken. Die Rösti auf Minitellern anrichten, das Geschnetzelte darauf verteilen und mit Kräuterästchen garnieren.

*Braune Sauce > Seite 115

Amuse Gueule
Markus Plein

KLEINE SCHWEINEREIEN

Schnitzelchen mit Pommes frites und Gemüse

- 4 kleine Schweinerücken Scheiben
- 1 Zitrone
- Mehl
- 2 Eier
- Paniermehl
- Öl zum Braten
- Kartoffeln
- Ketchup*
- Mayonnaise*
- Frischer Kerbel
- Salz, Pfeffer
- Paprika
- Selleriesalz

Schweinefleisch parieren, plattieren, würzen mit Salz, Pfeffer, Zitronensaft. In Mehl wenden, durch aufgeschlagenes Ei ziehen und panieren. In der Pfanne mit Öl goldgelb ausbacken. Kartoffeln waschen, mit der Schale kochen, sodass der Kern der Kartoffel noch fest bleibt, pellen, in dünne Stifte schneiden und in heißem Fett goldgelb ausbacken. Würzen mit Salz, Paprikapulver, Selleriesalz.

Angerichtet werden die Schnitzel und Fritten auf kleinen Imbissschälchen mit je einer Nocke Mayonnaise und Ketchup. Mit Kerbelästchen ausgarnieren.

*Ketchup > Seite 113
*Mayonaise > Seite 116

Ragout Fin aus dem Nussbrottopf

- 200 g Schweinefleisch
- 250 ml Fleischfond*
- 100 ml Sahne
- 1 Zwiebel
- 100 g Champignons
- Butter
- Speisestärke
- 200 g Nussbrotteig*
- Eigelb
- Salz, Pfeffer

Fleisch in Würfel schneiden, in der Brühe gar kochen und wieder heraus nehmen. Den Fond mit Sahne verfeinern, Zwiebelwürfelchen, Pilze gewaschen und geschnitten, anschwitzen in Butter und zu der Sauce geben. Abbinden mit Speisestärke, abschmecken mit Salz, Pfeffer. Aus dem Nussbrotteig große Teigkugeln formen (ca. 2 cm) und aufgehen lassen, kleine Kugeln (0,5 cm) formen und aufgehen lassen, beides einstreichen mit Eigelb und im Ofen bei 180° C backen. Dann Deckel abschneiden und das Ragout Fin hinein füllen und ausgarnieren mit Selleriefrit* und verschiedenen Kräutern.

*Fleischfond > Seite 116
*Nussbrotteig > Seite 114
*Selleriefrit > Seite 113

Rinderwahnsinn

Rindercarpaccio mit Kürbis-Limonenvinaigrette

- 200 g Rinderfilet
- 1 Stück Kürbisfleisch
- 1 Zwiebel
- 20 g Butter
- 5 cl Fleischfond*
- 5 cl Weißwein
- Saft und Schale einer Limone
- Kürbiskernöl
- Kürbiskerne
- 1 Bund Koriander
- 1 Bund Schnittlauch
- 1 Stück Parmesan
- Salz, Pfeffer

Rinderfilet parieren, in hauchdünne Scheiben schneiden und zwischen Frischhaltefolie ganz flach plattieren. Die Scheiben vorsichtig auf Tellerchen anrichten, würzen mit Salz und Pfeffer.

Kürbisfleisch fein würfeln, Zwiebel schälen und fein würfeln. Zusammen in Butter anschwitzen, mit Fond und Weißwein auffüllen und gar kochen. Mit einem Zauberstab durchmixen und Limonensaft dazu geben. Mit Kürbiskernöl, Salz, Pfeffer, gehackten, gerösteten Kürbiskernen und fein geschnittenem Koriander würzen. Die Mischung über das Fleisch träufeln und frischen Parmesan darüber hobeln. Ausgarnieren mit Kräutern, Limonenzestenrose und gerösteten Kürbiskernen.

* Fleischfond > Seite 116

Amuse Gueule
Markus Plein

Rinderzunge mit Meerrettichsauce und Kartoffel-Rosmarinpüree

- 100 g Wurzelgemüse
- Piment
- Wacholder
- Lorbeer
- frische Kräuter
- Pfefferkörner
- 200 g Rinderzunge
- 1 Zwiebel
- Butter
- 2 EL Meerrettich aus dem Glas
- 4 cl Weißwein
- 150 ml Fleischfond*
- 150 ml Sahne
- Speisestärke
- 200 g frischer Meerrettich
- 200 g Kartoffelpüree*
- 1 Bund Rosmarin
- Olivenöl
- Salz, Pfeffer, Muskat

Wurzelgemüse, Piment, Wacholder, Lorbeer, Kräuter und Pfefferkörner in Wasser aufkochen. Die Rinderzunge darin garen. Gartest: mit einer Fleischgabel in das Fleisch stechen. Rutscht es ganz leicht von der Gabel, ist es gar. Auskühlen lassen, Zunge enthäuten und in dünne Scheiben schneiden. Zwiebel schälen, würfeln und in Butter anschwitzen. Meerrettich dazu geben, ablöschen mit Weißwein, Fond, Sahne und durchkochen. Abbinden mit Speisestärke, abschmecken mit Salz, Pfeffer und Muskat. Frischen Meerrettich hinein reiben und mit einem Zauberstab durchmixen. Frisches Kartoffelpüree herstellen. Rosmarinzweige in Olivenöl ausbacken, klein hacken und mit etwas Olivenöl unter das Püree heben. Abschmecken mit Salz, Pfeffer, Muskat und Butter. Zunge anrichten, mit der Meerrettichsauce nappieren, frischen Meerrettich darüber reiben und mit Kräuterästchen ausgarnieren. Kartoffelpüree als Rosette dazu spritzen.

*Fleischfond > Seite 116

Mini-Rinderroulade mit kleinen blauen Kartöffelchen

- 4 Kartoffeln
- 12 blaue Kartoffeln
- 200 g Rinderrumpsteak
- Butter
- Rosmarin
- Thymian
- etwas Fleischfond

Alle Kartoffeln pellen.

Rindfleisch in 4 Scheiben schneiden, plattieren und von beiden Seiten würzen mit Salz und Pfeffer. Rosmarin und Thymian ganz fein hacken. Die Scheiben von beiden Seiten bestreuen. Einen Teil der Kartoffeln beider Sorten in gleichmäßige, viereckige Stifte schneiden und wie 4 Mosaike viereckig stapeln. Die Stapel in je eine Rindfleischscheibe einrollen und mit einer Schnur zusammen binden. Die Rollen von allen Seiten anbraten und im Ofen ca. 4 Minuten bei 180°C garen. Die restlichen Kartoffeln in gleichmäßige Scheiben schneiden und mit einem kleinen Ringausstecher ausstechen. Die Scheiben in Butter und dem Fond gar glasieren und würzen mit Salz, Pfeffer und Muskat. Die fein gehackten Rosinen und Thymian dazu geben. Nun die Kartoffelsorten abwechselnd in einer kleinen Schale fächern. Die Roulade aufgeschnitten auf den Kartoffelscheiben anrichten und mit ein wenig Balsamicojus nappieren.

Hier Exoten nicht verboten

Strauß im Garnelen-Koriander-Kartoffelmantel

* 200 g Straußenfleisch
* 4 Garnelen
* 1 Bund Koriander
* 1 Zitrone
* 2 große Kartoffeln
* etwas Braune Sauce*
* Salz, Pfeffer

Straußenfleisch in 4 gleich große Stücke schneiden. Rohe Garnelen und Koriander ganz fein hacken und vermischen. Mit Salz, Pfeffer und Zitronensaft würzen. Das Straußenfleisch rundherum mit der Garnelen-Koriandermasse einstreichen.

Die Kartoffeln schälen und in dünne Streifen schneiden und mit Hilfe eines Tuches fest um das Fleisch wickeln. In der Pfanne von allen Seiten goldgelb anbraten und im Backofen bei 180 C° ca. 10 Minuten fertig garen. Auf frittierten Hummerköpfen anrichten. Die Fleischsauce darauf geben und mit geschnitzten Kartoffelchips und einem Bambusspieß ausgarnieren.

*Braune Sauce > Seite 115

HIER EXOTEN NICHT VERBOTEN

Känguru aus der Jakobsmuschelschale

- 400 g Kängurufleisch
- Öl
- 1 Zwiebel
- 2 Knoblauchzehen
- 100 g Pilze
- etwas Balsamico
- etwas Glühwein
- 30 ml Braune Sauce*
- 50 ml Sahne
- verschiedene Kräuter
- 100 g rohe Glasnudeln
- 4 Wan Tan Blätter
- Blattgold
- Salz, Pfeffer, Wildgewürz

Kängurufleisch in feine Streifen schneiden. Anbraten in Öl, würzen mit Salz, Pfeffer und Wildgewürz. Zwiebel und Knoblauch schälen, klein schneiden und dazu geben. Pilze klein schneiden und dazu geben. Mit Balsamico ablöschen und einkochen lassen. Glühwein dazu geben und einkochen lassen. Braune Sauce und Sahne dazu geben und nochmals einkochen lassen. Gehackte Kräuter unterrühren. Glasnudeln frittieren und in einer Jacobsmuschelschale auslegen. Das Ragout in Amandesmuschelschalen füllen und in der Mitte platzieren. Wan Tan frittieren, mit Blattgold überziehen und zusammen mit verschiedenen Kräuterspitzen als Garnitur verwenden.

*Braune Sauce > Seite 115

Krokodilroulade auf einem Bananen-Kokosnuss-Schaum

- 400 g Krokodilfleisch
- Zitronensaft
- 4 Baconscheiben
- 1 EL Senf
- frische Kräuter
- 1 Essiggurke
- 1 Minibanane
- 1 Zwiebel
- Butter
- 2 Knoblauchzehen
- 1 TL Tomatenmark
- 1 Kokosnuss
- 4 cl Sahne
- 4 cl Weißwein
- Speisestärke
- Salz, Pfeffer, Muskat

Krokodilfleisch in 4 Scheiben schneiden, zwischen Klarsichtfolie plattieren und flach auslegen. Würzen mit Salz, Pfeffer, Zitronensaft. Baconscheiben darauf legen, mit Senf bestreichen. Zwiebel schälen und eine Hälfte in feine Streifen schneiden, anschwitzen in Butter, abglasieren mit Senf und abschmecken mit Salz, Pfeffer, Muskat, gehackten Kräutern. Die Masse auf dem Bacon verteilen. Essiggurke und Banane in Streifen schneiden, darauf legen und zu einer Roulade zusammen rollen. Fleisch von außen mit Salz und Pfeffer würzen. Die Rouladen mehlieren und von allen Seiten anbraten. Knoblauch schälen und würfeln. Die Zwiebelhälfte würfeln und beides dazu geben. Mit Tomatenmark tomatisieren und mit Kokosnussmilch ablöschen. Sahne und Weißwein zugeben und ca. 10 Minuten gar schmoren lassen. Gehackte Kräuter in die Sauce geben und leicht abbinden. Die Rouladen einmal durchschneiden und in gebrochenen Kokosnussschalen anrichten. Kokosnussfleisch darüber hobeln und ein wenig von der Sauce angießen.

Wolle Du Lamm?

Lammcarree mit Zucchinischuppen auf Ratatouillerosette

- 8 Lammkotelettes
- 1 kleine Zucchini
- 100 g sehnen- und fettfreies Putenfleisch
- 50 ml flüssige Sahne
- 1 Ei
- 1 EL Senf
- 20 g fein gehackte Walnüsse
- Öl
- Salz, Pfeffer

Die Rippenenden der Koteletts mit einem Messerrüken sauber kratzen. Die Zucchini längs in Scheiben schneiden und mit einem kleinen runden Ausstecher in kleine Schuppen ausstechen.

Putenfleisch mit Sahne, Ei, Senf und Walnüssen mixen und abschmecken mit Salz und Pfeffer. Die Koteletts auf einer Seite mit der Farce einstreichen und die Schuppen darauf fächern. In einer Pfanne mit heißem Öl auf der Schuppenseite zuerst anbraten. Auf ein Blech setzen und im Ofen ca. 2 Minuten fertig braten bei 180° C.

Ratatouillerosette

- 1 kleine Aubergine
- 1 kleine grüne Zucchini
- 1 kleine gelbe Zucchini
- 3 Cherrytomaten
- Olivenöl
- 2 Knoblauchzehen
- frische gemischte Kräuter
- 1 Stück Parmesan

Die Gemüse in Scheiben schneiden, mit Salz und Pfeffer würzen und in Olivenöl anbraten. Alles zu einem langen Fächer auf Backpapier legen. Knoblauch und Kräuter fein hacken und darüber streuen. Frischen Parmesan darüber reiben und im vorgeheizten Backofen bei 180°C 3 Minuten backen. Das Carree auf Holzlöffeln und das längliche Ratatouille auf den Stielen anrichten. Ausgarnieren mit frittierten Chilischoten und frischen Basilikumblättern.

Amuse Gueule
Markus Plein

WOLLE DU LAMM?

Gefülltes Lammfilet auf Speckböhnchen mit Rosmarinkartöffelchen

- 1 Streifen Pecorino
- 1 Lammfilet
- Mehl
- 1 Ei
- Paniermehl
- Bratfett
- 16 Keniabohnen
- 40 g Butter
- 2 Scheiben Speck
- 8 ganz kleine Kartoffeln
- Kümmel
- Rosmarin
- 200 ml Braune Sauce*
- Salz, Pfeffer

Käsestreifen mit einer Spicknadel längs durch das Filet ziehen. Würzen mit Salz und Pfeffer. In Mehl wenden, durch das aufgeschlagene Ei ziehen und panieren. In Fett ca. 3 Minuten langsam bei 120° C goldgelb ausbacken. Keniabohnen kurz in Salzwasser blanchieren und in Eiswasser abschrecken. Butter schmelzen. Salz und Pfeffer dazu geben und die Bohnen darin schwenken. Bohnen in vier Portionen teilen. Speckscheiben längs halbieren und fest um die Bohnen wickeln. In einer Pfanne golden anbraten.

Ganz kleine Kartöffelchen mit der Schale in Wasser mit Salz und Kümmel gar kochen und in kaltem Wasser kurz abschrecken. Abziehen und in einer Pfanne mit Butter bei schwacher Hitze goldgelb braten. Rosmarin vom Stil abzupfen, ganz fein hacken und unter die Kartöffelchen schwenken. Abschmecken mit Salz, Pfeffer. Kartöffelchen und Speckböhnchen schön anrichten und Filetscheiben darauf anrichten. Braune Sauce darüber nappieren und schön ausgarnieren.

*Braune Sauce > Seite 115

WOLLE DU LAMM?

Lammcurry auf indischem Basmatireis

Lammcurry

- 200 g Lammfleisch
- Salz, Pfeffer
- 1 Zwiebel
- 1 Apfel
- 1 Banane
- 1 Aprikose
- 50 g Mehl
- 100 ml süßer Weißwein
- 250 ml Gemüsefond*
- 200 ml flüssige Sahne
- 3 Löffel Mangochutney
- Currypulver
- Salz, Pfeffer

Fleisch in Streifen schneiden und ganz heiß anbraten. Würzen mit Salz und Pfeffer und sofort wieder herausnehmen. Zwiebel schälen, in Streifen schneiden und in der selben Pfanne anbraten. Die Früchte in schöne Stücke schneiden und dazu geben. Mit Curry und Mehl bestäuben. In Abständen mit Weißwein, Fond und Sahne ablöschen und köcheln lassen. Abschmecken mit Salz, Pfeffer, Mangochutney und Curry.

Basmatireis

- 1 Tasse Wildreis
- ¾ Tasse Basmatireis
- 4 EL Olivenöl
- 4 EL Zitronensaft
- 2 TL brauner Zucker
- 1 TL französischer Pommerysenf
- 1 Tasse Datteln, gehackt
- 1 Banane, in Scheiben geschnitten
- 1/3 Tasse geröstete Macadamianüsse, gehackt

Wildreis waschen und abtropfen lassen. In 450 ml kochendes Wasser geben. Zugedeckt ca. 45 Minuten köcheln lassen.

Basmatireis gründlich waschen. In einen Topf geben, 1 cm hoch mit kaltem Wasser bedecken. Bei geschlossenem Topf zum Kochen bringen und ca. 10-15 Minuten gar kochen. Öl, Zitronensaft, braunen Zucker und Senf mixen bis alles gut verbunden ist. Unter den Reis rühren und abschmecken. Das Geschnetzelte auf den Reis anrichten. Ausgarnieren mit Früchten und Kräutern.

* Gemüsefond > Seite 115

Amuse Gueule
Markus Plein

DESSERTS

❋ *Höllendunkel aber lecker*
❋ *Süß – Heiß – Einfach geil*
❋ *Eiszeit*
❋ *Rund um die Bohne*
❋ *Petit Fours*

Höllendunkel aber lecker

Halbflüssiger Schokoladenkuchen

- 5 Eier
- 5 Eigelb
- 100 g Zucker
- 250 g Zartbitter Kuvertüre
- 250 g Butter
- 50 g Mehl

Eier, Eigelbe und Zucker erst warm und dann kalt aufschlagen. Kuvertüre und Butter schmelzen und langsam zusammen rühren. Mehl hinein stäuben und unterrühren. Kleine Förmchen ausbuttern und mehlieren und die Masse hinein geben. Im Backofen bei 200 °C ca. 8 Minuten backen. Mit Puderzucker bestreuen und den Kuchen oben kurz einschneiden, so dass die Flüssigkeit heraus läuft.

HÖLLENDUNKEL ABER LECKER

Schokoladen-Marmorsoufflé mit Vanille-Zitronengrassauce

- Butter und Zucker für Förmchen
- 10 g Eiweiß
- 80 g Zucker
- einige Tropfen Zitronensaft
- 30 g flüssige Kuvertüre
- 30 g Kakaopulver
- 4 EL Soufflemasse*

Kleine Förmchen mit Butter ausfetten und mit etwas Zucker ausstreuen. Eiweiß aufschlagen und kurz bevor es fest ist den Zucker mit verrühren. Zitronensaft tropfenweise zugeben und verrühren. Die Masse halbieren in zwei Schüsseln. Kuvertüre und den Kakao vorsichtig unter eine Hälfte rühren. Nun die zwei Massen wieder zusammen geben und nur einmal kurz mit einem Löffel durchrühren, so dass eine Marmorierung entsteht. Vorsichtig in die Förmchen füllen und auf ein Blech mit ein wenig Wasser setzen.

Im Backofen bei 200° C ca. 14 Minuten backen. Ofentür geschlossen halten, damit das Soufflé nicht zusammen fällt.

Vanille-Zitronengrassauce

- 1 Vanillestange
- 1 Zitronengrasstange
- 250 g Sahne
- 250 g Milch
- 100 g Zucker
- 5 Eigelb

Vanillestange längs aufschlitzen, Zitronengras klein schneiden und mit Milch und Sahne aufkochen. Eigelbe und Zucker verrühren, die Flüssigkeit dazu schütten und zur Rose abrühren. Soufflé aus dem Ofen nehmen und mit Puderzucker bestreuen und die heiße Vanillesauce angießen. Sofort servieren.

Schokolade Crème Brulée

- 3 Eigelb
- 50 g Zucker
- 250 g Sahne
- 250 g Milch
- 50 g Schokolade gehackt
- 4 EL Zucker

Eigelbe und Zucker verrühren. Milch und Sahne aufkochen und mit der Eigelb-Zucker-Mischung verrühren. Die Masse in kleine Schälchen füllen und gehackte Schokoladenstücke unterheben.

Bei 120° C im Ofen pochieren. Je 1 Löffel Zucker darüber streuen und mit einem Bunsenbrenner goldgelb flambieren. Ausgarnieren mit kleinen Minzekrönchen und roten Johannesbeeren.

* Soufflé > Seite 117

Süss – Heiss – Einfach geil

Feigentarte
zur Glühweinzabaione

Feigentarte

- 1 Blätterteigplatte
- 50 g Marzipan
- 4 frische Feigen
- 50 cl Grenadine
- 50 cl Pfirsichlikör
- 50 cl Cassislikör
- 2 EL Honig
- 50 g Minzeblätter
- Pfeffer aus der Mühle

Blätterteig rund ausstechen und den Marzipan darüber reiben. Die Feigen in dünne Scheiben schneiden und gefächert auf den Blätterteig legen. Auf ein Blech mit Butterpapier legen. Grenadine, Pfirsichlikör, Cassislikör und Honig zusammen erhitzen und einreduzieren lassen. Die Minze klein schneiden, darunter rühren und über die Feigen nappieren. Im Backofen bei ca. 200° C ca. 10 Minuten backen. Mit frisch gemahlenem Pfeffer bestreuen.

Glühweinzabaione

- ¼ l Glühwein
- 80 g Zucker
- 15 g Speisestärke
- 2 Eigelb
- ½ Blatt Gelatine

Außer Gelatine alles zusammen geben und in einem Wasserbad warm schlagen, Gelatine in kaltem Wasser einweichen, ausdrücken und einrühren.

Feigentarte auf kleinen Schieferplatten anrichten, die Zabaione angießen. Mit Feigenstielen garnieren.

Amuse Gueule
Markus Plein

SÜSS - HEISS - EINFACH GEIL

Apfel-Rosinenstrudel mit Rosinen-Rum-Vanilleeis

Strudelteig

- 300 g Mehl
- 1 Ei
- 200 ml warmes Wasser
- 20 g Öl
- Prise Salz

Alle Zutaten zu einem glatten Teig kneten und zu einem Laib formen. Mit Öl bestreichen und 2 Stunden ruhen lassen. Auf einem Tuch ganz dünn ausziehen und die dicken Enden abschneiden.

Füllung

- Zucker
- Honig
- 3 Äpfel
- 90 g Rosinen eingeweicht in Amaretto
- 75 g Haselnüsse gemahlen
- etwas Speisestärke
- 40 g Marzipan, gerieben
- 1 Eigelb

Zucker und Honig in einem Topf schmelzen, bis die Masse ein wenig Farbe bekommt. Äpfel schälen, Kerngehäuse entfernen und klein schneiden, mit den Rosinen dazu geben und glasieren. Die Haselnüsse unterrühren und Speisestärke darüber stäuben. Abkühlen lassen und den Marzipan unterrühren.

Den Strudelteig ausrollen und die Masse, nicht ganz bis an den Rand, darauf verteilen. Zu einer Schnecke zusammen rollen. Auf ein mit Butterpapier ausgelegtes Blech setzen und mit Eigelb bestreichen. Im Ofen bei 180° C ca. 20-30 Minuten backen.

Rosinen-Rum-Vanilleeis

Rezept für 10 Portionen, da sonst nicht frierbar.

- 4 Eigelb
- 4 Eier
- 250 g Zucker
- 1 Vanillestange
- 500 g Milch
- 500 g Sahne
- 150 g Rumrosinen

Eigelbe, Eier und Zucker schaumig rühren. Vanillestange aufschlitzen, Mark heraus kratzen und in Milch und Sahne aufkochen. Die kochende Flüssigkeit unter ständigem Rühren unter die Eiermasse geben. Auf dem Herd bei kleiner Flamme mit einem flachen Holzlöffel zur Rose abrühren. Abkühlen lassen und in einer Eismaschine frieren, kurz vorm Festwerden die Rosinen unterheben. Fertiges Eis in den Gefrierschrank stellen.

Lässt man einen Teil der Masse vor dem Frieren draußen, so hat man eine hervorragende Vanillesauce.

Strudel schräg aufschneiden. Die Scheiben auf Tellerchen anrichten. Mit einem Löffel Eisnocken ausstechen und dazu geben. Mit einer frischen Himbeere garnieren.

SÜSS - HEISS - EINFACH GEIL

Quittenconfit im Süßkartoffel-Gnocchiteig auf Schokoladensauce

Quittenconfit

* 1 Quitte
* etwas Zitronensaft
* 1 EL Rosinen
* 2 cl Amaretto
* Butter
* Zucker
* Honig
* Speisestärke
* Minzeblätter
* etwas geriebene Schokolade

Quitten schälen und ganz schnell in Würfelchen schneiden und in Zitronenwasser legen, damit sie nicht braun werden. Rosinen in Amaretto einweichen. Quitten in ein Sieb abschütten und in Butter anschwitzen, Zucker, Honig und Rosinen dazu geben und weich kochen und glasieren. Mit ein wenig Speisestärke abbinden und kalt stellen. Nun fein geschnittene Minze und geriebene Schokolade hinein geben und durchrühren.

Süßkartoffel-Gnocchiteig

* 200 g Süßkartoffeln
* 3 Eigelb
* ca. 200 g Mehl
* 50 g Butter
* Zucker
* Pfeffer
* Muskat

Kartoffeln schälen, klein schneiden und in Salzwasser ganz weich kochen.

Abschütten und trocken dämpfen. Durch eine Kartoffelpresse drücken. Eigelbe dazu geben, würzen mit Zucker, Pfeffer und Muskat. Mit dem Mehl zu einem Teig kneten. Den Teig zu Rollen verarbeiten und ca. 1cm große Stücke abschneiden.

Mit dem Quittenconfit füllen und zu schönen runden Kugeln rollen.

In kochendem Zuckerwasser fest garkochen. Heraus nehmen, auf einem Blech abkühlen lassen. Butter und Zucker in einer Pfanne schmelzen und die Gnoccis darin glasieren.

Schokoladensauce

* 100 g Creme doublé
* 50 g dunkle Kuvertüre
* 5 g Strohrum
* 50 g Portwein
* 40 g Crème de Cacao
* 40 g Grand Marnier
* 50 g geschlagene Sahne

Alle Zutaten außer geschlagener Sahne unter ständigem Rühren auf kleiner Flamme erhitzen. Kalt stellen und anschließend aufmixen und die geschlagene Sahne unterheben.

Gnocchis auf kleinen Tellerchen anrichten, Schokoladensauce darüber träufeln und schön ausgarnieren.

Amuse Gueule
Markus Plein

Eiszeit

Schokolade-Kürbiskern-Kegel auf Eierlikörschaum

Schokolade-Kürbiskern-Kegel

- Backpapier
- Tacker
- Schweppeskiste leer
- 250 g Zartbitter-Kuvertüre
- 5 Eier
- 7 Eigelb
- 200 g Zucker
- 2 ml Grand Marnier
- abgeriebene Schale einer Orange
- abgeriebene Schale einer Zitrone
- Honig
- 500 ml geschlagene Sahne
- Kürbiskerne mit Zucker karamellisiert und klein gehackt
- Kürbiskernöl
- 500 ml geschlagene Sahne

Aus Backpapier kleine Hörnchen falten und am oberen Rand mit einem Tacker zusammen tacken, die Spitze ein wenig abschneiden. Nun die Schweppeskiste (nur diese bestimmte Kiste hat Kreise unten am Boden) umdrehen und die Hörnchen in die Kreise stecken. Die Kuvertüre auflösen und an den Wänden der Hörnchen herunter laufen lassen. Fest werden lassen, aber nicht kalt stellen.

Eier, Eigelbe, Zucker in einem Wasserbad erst warm und dann kalt aufschlagen. Grand Marnier, Orangen- und Zitronenschale, Honig, Kürbiskerne und Kürbiskernöl darunter rühren. Die geschlagene Sahne vorsichtig unterheben und nochmals abschmecken. Das Parfait in die Schokoladenhörnchen füllen und mit der Kiste einfrieren.

Eierlikörschaum

- 100 g Creme doublé
- 50 g weiße Kuvertüre
- 100 g Eierlikör
- 100 g geschlagene Sahne

Alle Zutaten außer geschlagener Sahne unter ständigem Rühren auf kleiner Flamme auflösen. Kalt stellen und anschliessend aufmixen und die geschlagene Sahne unterheben.

Mit dem Eierlikörschaum einen Spiegel anrichten. Die Hörnchen aus dem Backpapier wickeln und aufrecht auf den Spiegel setzen. Mit Zuckerwolle und Kürbiskernen ausgarnieren.

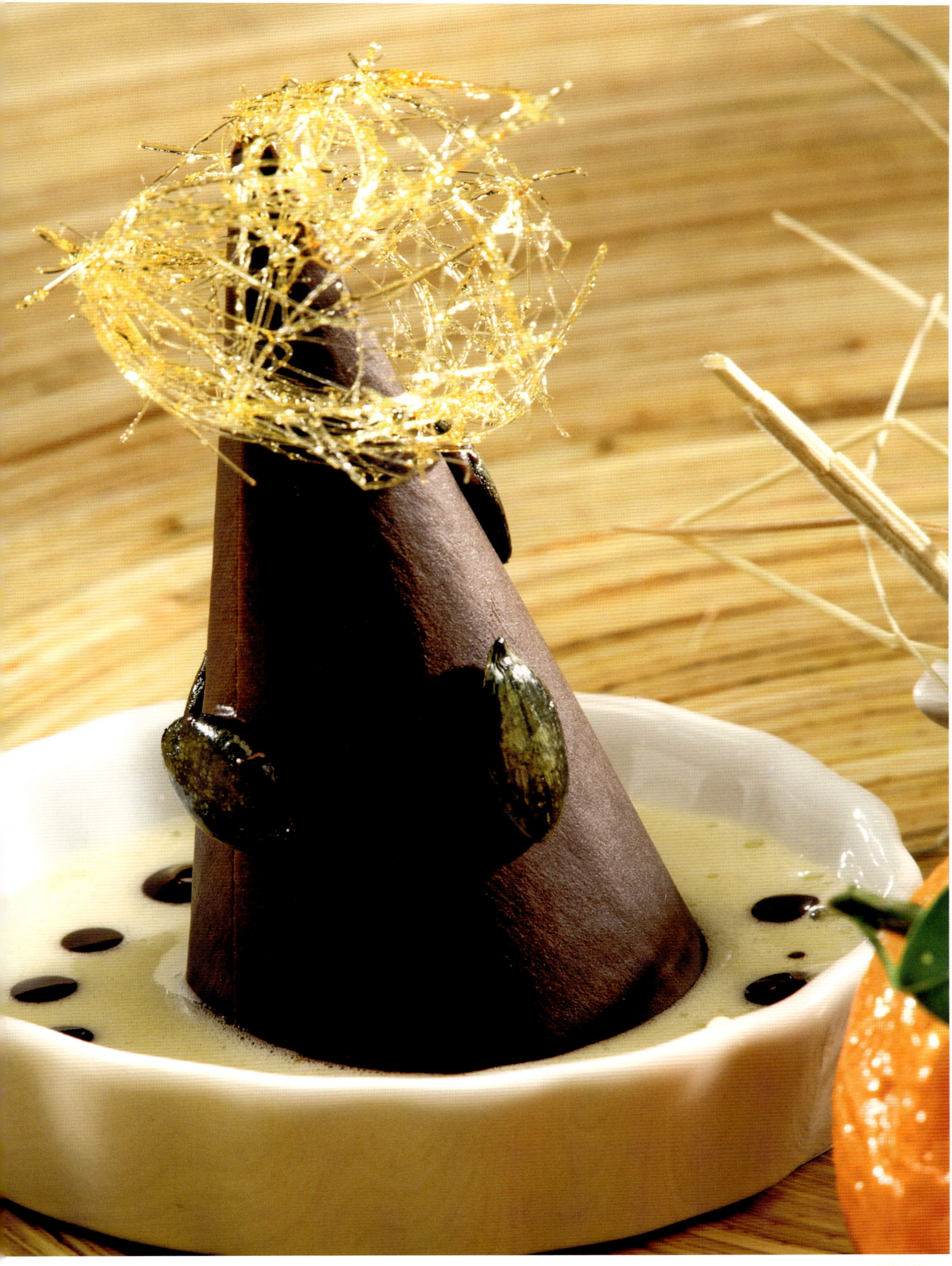

Passionsfruchteis
aus der Passionsfrucht

Rezept für ca. 1 Liter Eis

* 2 Passionsfrüchte
* 500 ml Passionsfruchtsaft
* 250 ml Milch
* 250 ml Sahne
* 250 g Zucker
* Honig

Passionsfrüchte halbieren, Fruchtfleisch heraus kratzen und den Saft auffangen. Die Schalen auswaschen und zum Trocken auf ein Tuch legen. Das Fruchtfleisch mit einer Kelle fest durch ein Sieb ausdrücken. Den Saft mit den anderen Zutaten zusammen aufkochen und abschmecken mit Zucker und Honig. Abkühlen lassen und in der Eismaschine frieren.

Das Eis in einen Spritzsack füllen und in die Passionsfruchtschalenhälften spritzen. Mit Heu und Schokoladengarnitur ausgarnieren.

Mandarineneis
aus der Mandarine

Rezept für ca. 1 Liter Eis

* 4 Mandarinen
* 500 ml Mandarinefruchtsaft
* 250 ml Milch
* 250 ml Sahne
* 5 cl Grand Marnier
* 5 cl Cointreau
* 250 g Zucker
* Honig

Von den Mandarinen einen Deckel abschneiden, Fruchtfleisch heraus kratzen und den Saft auffangen. Die Schalen auswaschen und zum Trocken auf ein Tuch legen. Das Fruchtfleisch mit einer Kelle fest durch ein Sieb ausdrücken. Den Mandarinensaft mit den anderen Zutaten zusammen aufkochen und abschmecken mit Zucker und Honig. Abkühlen lassen und in der Eismaschine frieren.

Das Eis in einen Spritzsack füllen und in die Mandarinenschalen spritzen. Die Mandarinendeckel dazu legen.

Rund um die Bohne

Geeister Cappuccino

Hausgemachtes Tiramisu auf einer Mokkasauce

Amaretti-Kaffemousse mit gebackener Hippe

Geeister Cappuccino

Rezept für 20 Portionen

Nougateis

- 1 l Milch
- ½ l Sahne
- 120 g Nougat
- 120 g Butter-Schokolade
- 50 g Zucker
- 6 Eigelb
- 4 cl Cognac
- 4 cl Amaretto
- 50 g flüssige Schokolade

Milch, Sahne, Nougat und Butter-Schokolade aufkochen. Eigelb und Zucker in einer Schüssel verrühren und die heiße Milchmischung nach und nach einrühren. Cognac und Amaretto dazu geben und abschmecken. In der Eismaschine frieren und die flüssige Schokolade vorsichtig im Faden unterrühren ohne zu vermischen.

Kaffeeschaum

- 250 ml Milch
- 250 ml Sahne
- ½ Tasse Kaffeebohnen
- 2 Tassen Espresso
- 50 g Zucker
- 3 Eigelb

Milch, Sahne, Kaffeebohnen und Espresso aufkochen. Eigelbe und Zucker zusammen rühren und die heisse Milchmischung nach und nach darunter rühren. Zur Rose binden und kalt stellen. Dann die Kaffeebohnen durch ein Sieb passieren. Je länger die Bohnen in der Milchmischung bleiben, desto stärker wird der Kaffeegeschmack.

Sahne mit Zucker steif schlagen.

Nougateis und Kaffeeschaum schichtweise in Gläschen füllen und mit Kaffeepulver bestäuben.

Hausgemachtes Tiramisu auf einer Mokkasauce

Rezept für 10 Portionen

- 10 Löffelbiskuits
- 1 Tasse starker Espresso mit Amaretto gemischt
- 4 Eigelb
- 100 g Puderzucker
- 2 EL Amaretto
- 500 g Mascarpone
- Honig
- Zitronensaft
- Zucker
- Kakaopulver

Löffelbiskuits mit der Espresso-Amaretto-Mischung von beiden Seiten bepinseln. Eigelb, Puderzucker und Amaretto schaumig schlagen.

Dann langsam die Mascarpone mit unterschlagen. Abschmecken mit Honig, Zitronensaft und Zucker. Mit Kakao bestäuben.

Mokkasauce

- 250 g Sahne
- 250 g Milch
- 1 Tasse Mokkabohnen
- 150 g Zucker
- 6 Eigelb

Sahne, Milch und Mokkabohnen zusammen aufkochen. Zucker und Eigelb zusammen rühren und die kochende Milchmischung nach und nach dazu schütten. Die Masse in einem Topf bei kleiner Flamme zur Rose abbinden und abkühlen lassen. Dann die Mokkabohnen aussieben.

Abwechselnd Biskuits, Creme und Mokkasauce in kleine Gläschen schichten und eine dicke Schicht Kakao darüber streuen. Ca. 2 Stunden kühlen.

Amaretti-Kaffeemousse mit einer gebackenen Hippe

Rezept für 10 Portionen

Amaretti-Kaffeemousse

- 5 Eier
- 140 g Zucker
- 80 g Kaffeepulver
- 3 Blatt Gelatine
- 1 Tasse zerkrümelte Amarettiplätzchen
- 350 g dunkle Kuvertüre
- 4 cl Amaretto
- 2 l geschlagene Sahne

Eier, Zucker und Kaffeepulver zusammen in einem warmen Wasserbad aufschlagen. Blattgelatine einweichen und ausdrücken und zusammen mit den Amarettiplätzchen unterrühren. Die Kuvertüre auflösen und mit dem Amaretto schnell unterrühren. Die geschlagene Sahne vorsichtig unterheben und abschmecken.

Hippenteig

- 120 g Puderzucker
- 80 g Margarine
- 40 g Milch
- 40 g Glukose (bei jedem Bäcker zu bekommen)
- 120 g Mandelgrieß

Alle Zutaten außer dem Mandelgrieß auf 50° C erhitzen. Dann den Grieß dazu geben und gut verrühren. Bei Zimmertemperatur abkühlen lassen. Mit Backpapier ein kleines Hörnchen formen, mit der Hippenmasse füllen und auf Backpapier nach Belieben aufspritzen. Im Ofen bei 180° C backen bis sie goldgelb sind.

Mit einem Löffel Nocken von der Mousse abstechen und anrichten. Mit Hippen und Limonenzesten ausgarnieren.

Petit Fours

Gebackene Holunderblüten mit heißer Vanillesauce

- 150 ml Bier
- 150 g Mehl
- 1 Eigelb
- 50 g Zucker
- 1 Eiweiß, fest aufgeschlagen
- 4 Holunderblütendolden
- Puderzucker

Bier, Mehl, Eigelb und Zucker gut verrühren. Eiweiß steif schlagen und vorsichtig unterheben.

Die Holunderblüten durch die Masse ziehen und in heißem Fett bei 180° C goldgelb ausbacken. Mit Puderzucker bestreuen.

Vanillesauce

- 1 Vanilleschote
- 250 g Milch
- 250 g Sahne
- 150 g Zucker
- 6 Eigelb

Vanilleschote aufschlitzen, das Mark heraus kratzen und in Milch und Sahne aufkochen. Zucker und Eigelbe zusammen rühren und die kochende Milchmischung nach und nach darunter rühren. Nun auf dem Herd bei kleiner Flamme zur Rose abbinden.

Die Sauce in kleine Schälchen verteilen. Mit einer roten Sauce (Erdbeeren mit Zucker gemixt und durchpassieren) kleine Punkte darauf setzen und mit einem Zahnstocher zu Herzen durchziehen.

Die gebackenen Holunderblüten darauf setzen.

Apfelküchlein mit einer Zimt-Mascarponesauce

Apfelküchlein

Rezept für 10 Portionen

- 5 Äpfel
- 40 g Hefe
- 400 g Milch
- 500 g Mehl durchgesiebt
- 50 g gehackte Haselnüsse
- 50 g Rosinen eingeweicht in Amaretto
- abgeriebene Schale einer Zitrone
- 2 Eigelb
- 2 Eiweiß
- 200 g Zucker
- 3 EL Zimt
- Butter

Äpfel schälen, Kerngehäuse entfernen und in kleine Würfel schneiden. Hefe und Milch blutwarm (36 Grad) zusammen aufrühren. Mehl, Haselnüsse, Rosinen, Zitronenschale, Eigelbe und Apfelwürfel darunter mischen. Eiweiß steif schlagen und unterheben.

In einer Pfanne mit Butter kleine, mit einem Eisportionierer abgestochene Plätzchen backen. Zucker und Zimt mischen und die Küchlein darin wenden.

Zimt-Mascaponesauce

- 250 g Mascarpone
- 2 EL Zimt
- 1 EL Honig
- 1 TL Zucker
- 2 cl Sahne

Alles zusammen rühren zu einer schönen Sauce und abschmecken. Die Sauce als Spiegel anrichten. Die Apfelküchlein darauf anrichten und mit Minze garnieren.

PETIT FOURS

Engelshaar in einem Gewürztraminer Gelee

Rezept für 10 Portionen

- ½ Flasche Gewürztraminer
- 4 Blatt Gelatine
- 750 g Zucker
- 650 ml Wasser
- 90 g Glukosesirup (bei jedem Bäcker zu bekommen)
- 8 Eigelb
- 6 Kumquats
- Zucker
- Honig
- süßer Wein
- 1 Granatapfel

Gewürztraminer-Gelee

50 ml Wein erhitzen. Gelatine in kaltem Wasser einweichen und ausdrücken und im Wein auflösen. Den restlichen Gewürztraminer dazu gießen und kalt stellen.

Engelshaar

Zucker, Wasser und Glukosesirup aufkochen. Mit Backpapier ein Tütchen falten. Das Eigelb durch ein Sieb streichen und in das Tütchen füllen. An der Spitze aufschneiden. Aus ca. 5 cm Abstand von der Sirupoberfläche von einer Seite zur anderen Seite des Topfes bewegen und dabei das Eigelb im dünnen Faden in den Sirup spritzen. Die Eigelbfäden ca. 1 Minute garen lassen. Mit einer Schaumkelle heraus heben und kurz in kaltem Wasser abschrecken. In einer abgedeckten Schüssel kalt stellen.

Kumquats halbieren und die Kerne entfernen. In einer Pfanne Zucker und Honig bei schwacher Hitze farblos zerschmelzen lassen. Mit süßem Weißwein ablöschen und leicht einkochen lassen. Kumquats zugeben und glasieren.

Granatapfel halbieren und die Kerne heraus nehmen.

Engelshaar in kleine Gläser verteilen, Kumquats darauf legen. Das Gelee darüber geben, Granatapfelkerne vorsichtig darunter heben und gehackte Minze gleichmässig darüber verteilen. Mit Schokoladenganitur ausgarnieren.

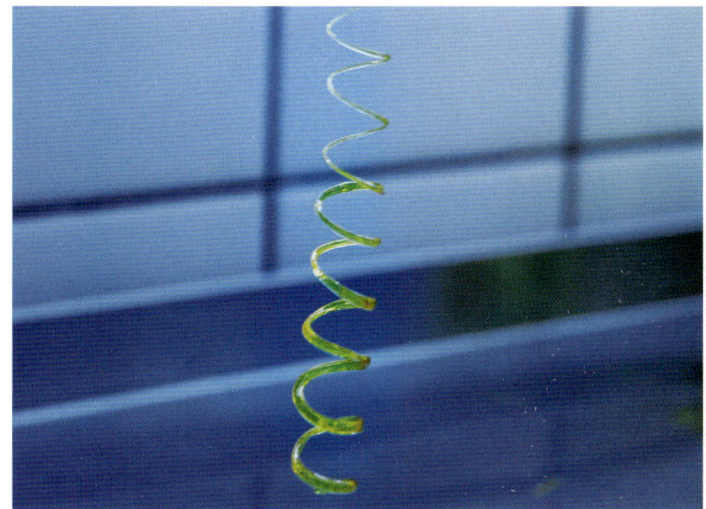

Amuse Gueule
Markus Plein

GRUNDREZEPTE

- *Frit's*
- *Schwarze Nüsse*
- *Tomatenketchup*
- *Französische Salatsauce*
- *Nudelteig*
- *Kartoffelpüree*
- *Balsamico-Reduktion*
- *Nussbrot*
- *Trockentomaten*
- *Pesto*
- *Vinaigrette*
- *Braune Sauce*
- *Gemüsefond*
- *Currysauce*
- *Mayonnaise*
- *Parmesanchips*
- *Fleischfond*
- *Geflügelfond*
- *Schinken*
- *Rieslingkäse*
- *Soufflé*

GRUNDREZEPTE

Verschiedene Frit's

Gemüse, z.B. Möhren, Lauch, Sellerie, Kartoffeln, Zwiebeln oder Rote Beete erst in dünne Scheiben und anschließend in feine Streifen schneiden. Dann abblanchieren, mehlieren und in der Friteuse bei schwacher Hitze fritieren.

- Lauch, abblanchieren, fritieren
- Karotten, Sellerie und Zwiebeln, mehlieren, fritieren
- Kartoffeln und Rote Beete, fritieren

Schwarze Nüsse

Die Walnüsse werden ca. Ende Juni, in unreifem Zustand abgenommen. Dann hat sich der erste Kern gebildet, der aber noch weich ist. Zunächst werden die Nüsse alle mit einer feinen Nadel rundherum eingestochen und in kaltem Wasser ca. 3 Monate gewässert, wobei das Wasser täglich gewechselt werden muss. In dieser Zeit verfärben sich die Nüsse schwarz.

Zur Weiterverarbeitung Zucker und Wasser (im Verhältnis 1:1) so lange kochen bis die Flüssigkeit Blasen schlägt. In diese Flüssigkeit gibt man die abgetropften Nüsse und lässt sie über Nacht ziehen. Danach den Aufguss mit Honig und Amaretto abschmecken. Die Schwarzen Nüsse in Einkochgläser füllen, mit der Flüssigkeit bedecken und einkochen bei 150° C ca. 1 Stunde.

Die Reifezeit beträgt Minimum 1 Jahr.

Tomatenketchuprezept (Curryketchup)

- 500g reife Tomaten
- 1 EL Salz
- 2 mittelgroße Zwiebeln
- 2 EL Weinessig
- 2 EL Rotwein
- 100 g Zucker
- 1 MSP frisch geriebenen Ingwer
- 1 MSP gemahlene Nelken
- gemahlener Pfeffer
- 1 EL geriebener Meerrettich
- (2 EL Curry)

Tomaten mit den Zwiebeln etwa 15-20 Minuten köcheln lassen, dann durch ein Sieb passieren, mit Essig, Rotwein, Zucker und den Gewürzen etwa 1 Stunde bei schwacher Hitze köcheln lassen, nochmals abschmecken.

Französische Salatsauce

- 1 Knoblauchzehe
- 1 Zwiebel
- 300 ml Weißweinessig
- 400 ml Boullion
- 2 Eigelb
- 1 l Sonnenblumenöl
- Senf
- gehackte Petersilie
- Salz Pfeffer weiß gemahlen

In Schraubverschluss-Flaschen abgefüllt und gekühlt gelagert ca. 1 Monat haltbar.

Knoblauch und Zwiebel klein schneiden, mit Salz, Pfeffer und Weißweinessig aufkochen, abkühlen lassen, mixen und durchpassieren. Boullion dazu mixen. Mit dem Eigelb, Sonnenblumenöl und etwas warmem Wasser eine Mayonnaise herstellen. Die Mayonnaise dazu geben und richtig durchmixen. Mit Salz und Pfeffer abschmecken. Gehackte Petersilie darunter geben. Salat damit anmachen und nochmals abschmecken.

GRUNDREZEPTE

Nudelteig

- 100 g Mehl
- 1 Ei
- 1 EL Olivenöl
- 1 Prise Salz

Alle Zutaten zusammen geben und zu einem festen Teig kneten. Mit der Nudelmaschine in die gewünschte Form bringen.

Spaghetti

- 1 Ei
- 100 g Mehl   Zubereitung wie Nudelteig
- 30 g feiner Grieß
- 1 Prise Salz
- 1 EL Olivenöl

Kartoffelpüree

- 250 g Kartoffeln
- 100 g Sahne
- Salz, Pfeffer
- 100 ml Milch
- 1 Stück Butter
- Muskat

Kartoffeln schälen, in Stücke schneiden und in Salzwasser gar kochen, dann abschütten und durchpressen. Milch, Sahne, Butter, Salz, Pfeffer und Muskat aufkochen und nach und nach zu den durchgepressten Kartoffeln schütten bis die richtige Püreekonsistenz erreicht ist.

Balsamico-Reduktion

- 1 l Balsamicoessig
- 100 g Honig
- 100 g Zucker
- Weizenstärke

In einem Topf Honig und Zucker goldgelb karamellisieren lassen und ablöschen mit Balsamicoessig. Ein wenig einkochen lassen und mit Weizenstärke eindicken, je nach gewünschter Konsistenz für das jeweilige Gericht.

Nussbrot

- 38 g Hefe
- 520 g Milch
- 525 g Weizenmehl
- 185 g Roggenmehl
- 22 g Salz
- 37 g Zucker
- 90 g Butter
- 300 g Sultaninen
- 300 g Walnüsse

Butter und Eigelb zum Bestreichen. Hefe in lauwarmer Milch auflösen, Mehl mit Salz und Zucker vermischen. Aufgelöste Hefe, Milch, Butter, Sultaninen und Walnüsse dazu geben und gut verkneten. Die Masse eine Stunde gehen lassen, dann in zwei Formen abfüllen. Nochmals eine Stunde gehen lassen, dann backen. Das frische Brot zuerst mit Butter, dann mit Eigelb bestreichen und nochmal einen kurzen Moment in den Backofen bis eine goldbraune Kruste entsteht.

Trockentomaten

- 8 Tomaten
- 1 Bund Basilikum
- Zucker
- 4 Knoblauchzehen
- Olivenöl
- Salz, Pfeffer

Tomaten vierteln, Kerngehäuse entfernen. Die Viertel auf ein Blech ausbreiten. Mit Salz, Pfeffer, Zucker, geschnittenem Basilikum und klein geschnittenem Knoblauch würzen. Mit Olivenöl beträufeln. Bei 80° C im Backofen mindestens 2 Stunden trocknen lassen.

GRUNDREZEPTE

Pesto

- 0,5 l Olivenöl
- Estragon
- Roquette
- Salz, Pfeffer
- Basilikum
- Kerbel
- 25 g Pinienkernen
- 1 Stück frischer Parmesan Olivenöl,
- Basilikum, Estragon, Kerbel,

Olivenöl, Basilikum, Estragon, Kerbel, Roquette, und geröstete Pinienkerne mixen. Parmesan in die Pesto reiben und unterheben. Abschmecken mit Salz und Pfeffer

Pesto mit Chili

- 0,5 l Olivenöl
- Kerbel
- Roquette
- Knoblauchzehen
- 50 g Pinienkerne
- Basilikum
- Koriander
- Blattpetersilie,
- 1 Chilischote

Olivenöl, Basilikum, Kerbel, Koriander, Roquette, Blattpetersilie, geschälte Knoblauchzehen, zerkleinerte Chilischote mixen. Pinienkerne in einer Pfanne ohne Fett rösten und dazu geben. ,

Vinaigrette

- 1 Limone
- 6 EL Olivenöl
- 6 EL Traubenkernöl
- 1 Tomate
- Schnittlauch
- Salz, Pfeffer

Limone auspressen, den Saft mit Olivenöl und Traubenkernöl aufschlagen. Tomate fein würfeln, Schnittlauch fein schneiden und beides unterrühren. Abschmecken mit Salz, Pfeffer, Zucker. Limonenzesten von der Schale hinein reiben.

Braune Sauce

- 1 kg Kalbs- oder Rinderknochen
- 5 Knoblauchzehen
- 150 g Tomatenmark
- 500 ml Rotwein
- Speisestärke
- 500 g Mirepoix (Röstgemüse): Karotten, Sellerie, Lauch, Zwiebeln
- Kräuter
- 500 ml Balsamicoessig
- 3 l Glühwein

Knochen in walnussgroße Stücke hacken und dunkelbraun anbraten. Röstgemüse putzen und in Stücke schneiden und mit anbraten.

Knoblauch und Kräuter dazu geben und kurz anbraten. Nun mit Tomatenmark tomatisieren und mit Balsamico ablöschen und kurz reduzieren lassen. Rotwein dazu geben und wieder reduzieren lassen. Mit Glühwein auffüllen und ca. 2 Tage bei ganz kleiner Flamme köcheln lassen. Abpassieren durch ein Tuch, wieder aufsetzen. Abbinden mit Speisestärke auf die richtige Konsistenz.

Da diese Grundsauce und die Fonds für sehr viele Gerichte verwendet werden, lohnt sich die Herstellung einer Vorratsmenge. Sauce und Fonds können dazu portioniert eingefroren werden.

Gemüsefond

- 1 kg Gemüse
- (Karotten, Zwiebeln, Lauch, Sellerie)
- Wachholderbeeren
- frische Kräuter
- Piment
- Lorbeerblätter
- Knoblauch
- Weiße Pfefferkörner
- Salz

Gemüse putzen und klein schneiden. Gewürze und eine halbe Zwiebel mit Schale und in einer Pfanne dunkelbraun braten. Alles zusammen, mit den Gewürzen in einen Topf geben und mit kaltem Wasser auffüllen. Ca. 2 Stunden köcheln lassen.

Amuse Gueule
Markus Plein

GRUNDREZEPTE

Fleischfond

(Wild- oder Lammfond mit den jeweiligen Knochen)

- 1 kg Kalbs- oder Rinderknochen
- Wachholderbeeren
- 1 kg Gemüse
- Lorbeerblätter
- (Karotten, Zwiebeln, Lauch, Sellerie)
- frische Kräuter
- Knoblauch
- Piment
- weiße Pfefferkörner
- Salz

Knochen klein hacken. Gemüse putzen und klein schneiden. Eine halbe Zwiebel mit Schale in einer Pfanne dunkelbraun braten. Alles zusammen mit den Gewürzen in einen Topf geben und mit kaltem Wasser auffüllen und ca. 2 Stunden köcheln lassen.

Geflügelfond

- 1 kg Geflügel
- 1 kg Gemüse
- (Karotten, Zwiebeln, Lauch, Sellerie)
- Wacholderbeeren
- Lorbeerblätter
- frische Kräuter
- Knoblauch
- Piment
- weiße Pfefferkörner
- Salz

Knochen auslösen und klein hacken. Gemüse putzen und klein schneiden. Gewürze und eine halbe Zwiebel mit Schale in einer Pfanne dunkelbraun braten. Alles zusammen in einen Topf geben und mit kaltem Wasser auffüllen und ca. 2 Stunden köcheln lassen.

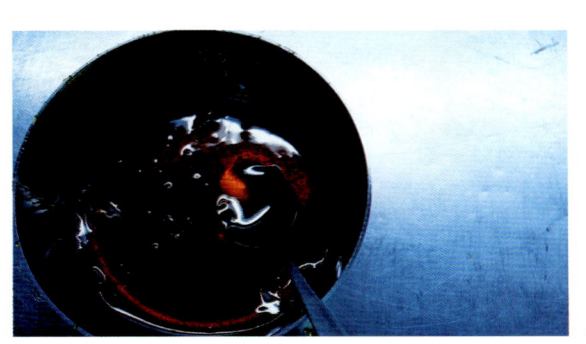

Currysauce

- 2 Zwiebeln
- 3 Knoblauchzehen
- 50 g Butter
- 150 ml Geflügelbrühe
- 100 g Weißwein
- 2 Lorbeerblätter
- 200 ml Sahne
- Zitronensaft
- Speisestärke
- Salz, Pfeffer
- Curry

Zwiebeln und Knoblauch schälen, klein schneiden und in einem Topf mit Butter anschwitzen. Anschließend mit Brühe und Weißwein ablöschen. Die Lorbeerblätter zugeben und die Flüssigkeit etwas einreduzieren lassen. Jetzt mit Sahne auffüllen und nochmals kochen lassen. Abschmecken mit Salz, Pfeffer, Zitronensaft und Curry. Mit Speisestärke zur richtigen Konsistenz abbinden.

Mayonnaise

- 3 Eigelb
- 1 EL Senf
- 2 EL Weinessig
- Zitronensaft
- 500 ml Öl
- Salz, Pfeffer

Eigelb in eine Schüssel geben, Senf und Weinessig dazu geben. Aufschlagen und unter ständigem Schlagen das Öl im Faden hinein laufen lassen. Soviel Öl hinzu geben bis die gewünschte Konsistenz erreicht ist. Würzen mit Salz, Pfeffer und Zitronensaft.

Für Apfelmayonnaise unter die ersten Zutaten 100 ml Apfelmus rühren.

Parmesanchips

Parmesan fein reiben und mit einem Löffel kleine Portionen auf ein Blech mit Backpapier verteilen. Im Ofen kurz zerschmelzen lassen, wieder heraus nehmen und fest werden lassen.

GRUNDREZEPTE

Schinken

- 2-4 kg Schweinefleisch vom Schinken
- Nitrit Pökelsalz
- 4 Zwiebeln geschält und klein geschnitten
- 2 Karotten geschält und klein geschnitten
- 1 kleine Sellerie gewaschen und klein geschnitten
- 1 Lauchstange gewaschen und in Scheiben geschnitten
- 1 Knolle Knoblauch geschält und klein geschnitten
- verschiedene Kräuter

Gewürzmarinade

- Wacholderbeeren
- Piment
- Lorbeer
- Pfefferkörner
- Zitronengras
- Ingwer

alles klein geschnitten und gestoßen

- 1–2 l trockener Riesling

Das Schinkenfleischstück mit Pökelsalz gut einreiben und abgedeckt 24 Stunden kalt stellen. Dann wieder abwaschen und das Fleisch mit Gemüse, Kräutern und Gewürzen in eine Schüssel geben. 1 Tasse Pökelsalz dazu geben, mit Riesling bedecken und ca. 4–5 Wochen kühl stellen. Anschließend das Fleisch aus der Lake nehmen und abwaschen. Nun trocken reiben und ein Tag in der Luft trocknen lassen. Mit reinem Buchensägemehl 1 Tag räuchern dann wieder 1 Tag in der Luft hängen lassen. Den Räucher- und Trockenvorgang solange wiederholen, bis der Schinken eine feste Konsistenz und schöne Farbe hat. Zum Schluss noch eine Woche kalt gelagert ruhen lassen. Hauchdünn aufschneiden.

Riesling-Käse selbst gemacht

Milch auf 32° C erwärmen Kultur dazu (Buttermilch, Zitronensaft) · Schimmelzusatz, 3 EL pro/l, evtl. Joghurt · 30 Minuten vorreifen · Lab dazu, 18 ml auf 100 l 40 Minuten stehen lassen · Bruch in Würfel schneiden · 10 Minuten stehen lassen und walnussgroß schneiden · 20 Minuten rühren · evtl. Kräuter oder andere Zutaten beigeben · ausschöpfen in Lochformen · bei 20-25° C ruhig stehen lassen · 3 mal drehen · 6 Stück pro/kg im Salzbad liegen lassen · trocken salzen 1-2 Tage · Weinblätter in Riesling einlegen und um den Käse fest legen · Reifung 90-95% Luftfeuchtigkeit bei 15-18° C

Soufflérezept

- ½ l Milch
- 1 Vanilleschote
- 6 Eigelb
- 100 g Zucker
- 40 g Mehl
- 1 EL Speisestärke

Milch mit der längs aufgeritzten Vanilleschote zum Kochen bringen. Eigelbe und Zucker aufschlagen bis die Mischung andickt. Mehl und Speisestärke hinein stäuben und vermischen. Vanilleschote entfernen und die heiße Milch nach und nach unterrühren. Die Masse auf dem Herd langsam und unter ständigem Rühren zum Kochen bringen. Ca. 3 Minuten kochen. In eine Schüssel geben, abdecken und kalt stellen.

Amuse Gueule
Markus Plein

MENÜVORSCHLÄGE

MENÜVORSCHLÄGE

Picco Menü [3 Gänge]
* Friedhof der Krustentiere
* Wolle du Lamm?
* Höllendunkel aber lecker

Demi Menü [6 Gänge]
* Suppeninfusion
* Da haste den Salat!
* Antipasti
* Federvieh
* Aus Milch wird Käse
* Rund um die Bohne

Imperial Menü [12 Gänge]
* Vegetarisch
* Aus einem Topf
* Forrest Food
* Spargeltarzan
* Sternzeichen Fisch
* Eiskalt erwischt
* Innere Pleinereien
* Selbst Eingemachtes
* Pasta? Basta!
* Aus Milch wird Käse
* Eiszeit
* Petit Fours

Magnum Menü [18 Gänge]
* Frühstückstraum
* Übern Pazifischen Ozean
* Heimatnah
* Aus Pleins Imbisswagen
* Terrinenschmaus
* Spanien Olé
* Kleine Schweinereien
* Rinderwahnsinn
* Mosel-Sushi
* Aus der Schale in den Mund
* Hier Exoten nicht verboten
* Tolle Knolle
* Selbst gesucht und gefunden
* Moselriesling zum Essen
* Wild Things
* Süß-Heiß-Einfach Geil
* Höllendunkel aber lecker
* Petit Fours

Die schnellsten Gerichte
* Aus Pleins Imbisswagen
* Suppeninfusion
* Eiskalt erwischt
* Spanien Olé
* Forrest Food
* Antipasti
* Selbst gesucht und gefunden

Amuse Gueule
Markus Plein

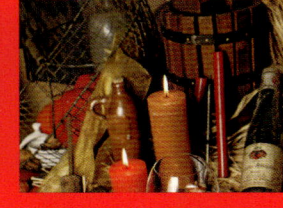

MOTTO-DINNER

❊ *Dekoration Frühlings-Tisch*
❊ *Dekoration Sommer-Tisch*
❊ *Dekoration Herbst-Tisch*
❊ *Dekoration Weihnachts-Tisch*
❊ *Dekoration Plein-Style-Tisch*
❊ *Dekoration Candle-Light-Tisch*
❊ *Dekoration Asia-Tisch*
❊ *Dekoration Party-Tisch*
❊ *Dekoration Rustikaler Tisch*

Dekoration Frühlings-Tisch

Verwendetes Material

- Tischdecke in lindgrün
- lindgrüner und orangefarbener Chiffon
- Korkenzieheräste
- frisch geschnittener Efeu
- bunte Dekokugeln
- Deko-Glassteine
- frische Tulpen
- Stumpenkerzen farblich passend zu den Tulpen
- getrocknete Rosenblätter
- Styroporschnee
- Deko-Perlenketten
- weiße Stoffservietten
- bunte Papierservietten
- Glasschälchen
- weiße Porzellanschälchen

Vorschläge für passende Gerichte
Frühlings-Zeit

- Lauwarmer Kartoffel-Gurkensalat mit gegrilltem Hummer
- Trockentomaten-Roquettesalat mit gebackener Käsepraline
- Auberginen-Ratatouilleroulade
- Gefüllte Minipaprika
- Mariniertes Gemüse
- Spargelchatreuse
- Gebratene Scampis auf grünweißem Spargelragout
- Spargel im Blätterteig mit Hollandaise überbacken
- Hummergratin auf frischem Spargelragout

Amuse Gueule
Markus Plein

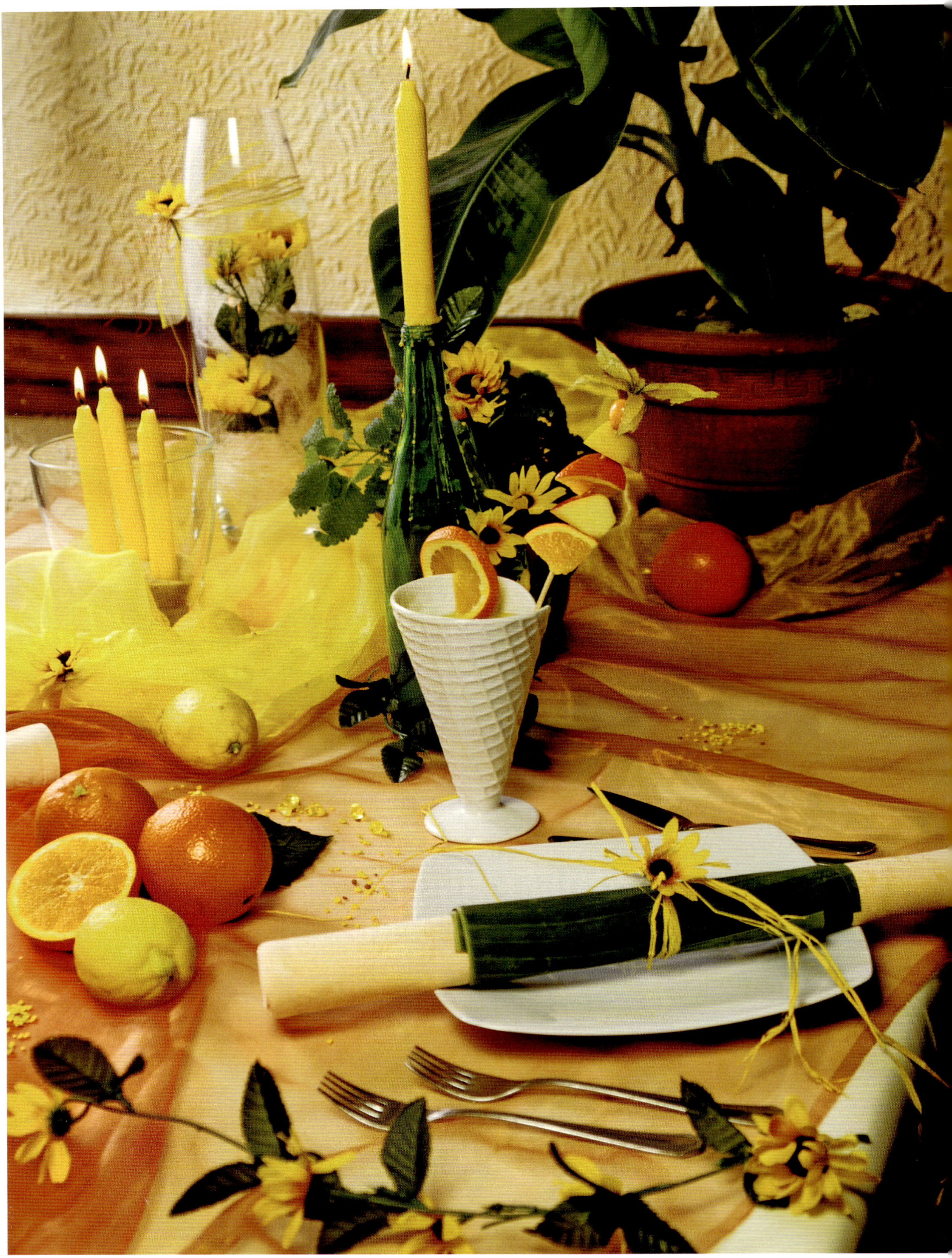

Dekoration Sommer-Tisch

Verwendetes Material

- weiße Tischdecke
- gelber und orangefarbener Chiffon
- gelbe Tafelkerzen
- Glasgefäß mit Sand als Kerzenhalter
- leere grüne Weinflasche als Kerzenhalter
- Zitronenmelisse im Keramiktopf
- kleine künstliche Sonnenblumen
- frische Orangen und Zitronen
- gelbes Kunststoffgranulat
- gelber Bast
- lachsfarbene Stoffservietten
- Bananenblätter
- Sisalgras

Vorschläge für passende Gerichte

Sommer-Zeit

- Trüffelrührei aus der Schale
- Minisandwich
- Früchteterrine mit Quarkzabaione
- Currywurst mit Pommes
- Wurst aus dem Wok
- Grillspieß mit Curryrisotto
- Strauß im Garnelen-Koriander-Kartoffelmantel
- Känguru aus der Jakobsmuschelschale
- Krokodilroulade auf einem Bananen-Kokosnuss-Schaum

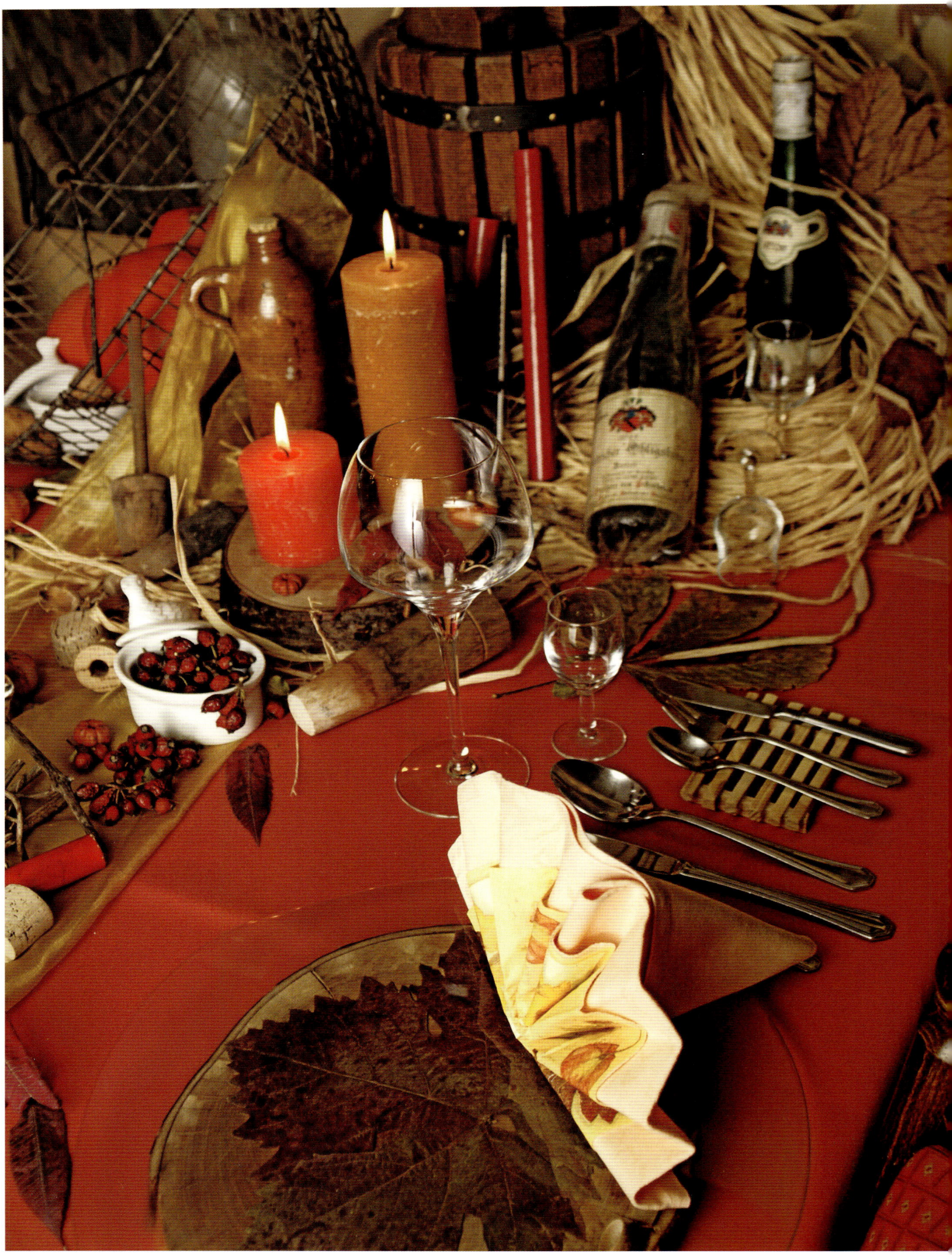

MOTTO-DINNER

Dekoration Herbst-Tisch

Verwendetes Material

- Tischdecke in rostbraun
- Fuchsfarbener Chiffon
- Getrocknete Hagebutten
- Korkenzieheräste
- Walnüsse
- Haselnüsse
- Eicheln
- Herbstlaub
- Wein- und Champagnerkorken
- Naturfarbener Bast
- Baumscheibe mit Herbstblatt und Glasplatte
- Cremefarbene Stoffservietten
- Papierservietten mit Herbstmotiv
- Stumpenkerzen, rustikal

Vorschläge für passende Gerichte

Herbst-Zeit

- Pilze á la Creme aus dem Crepe
- Rinder-Pilzroulade
- Steinpilzcarpaccio
- Minestrone
- Serbische Bohnensuppe mit Cabanossiwürstchen
- Irish Stew
- Riesling-Schaumsüppchen mit Trauben im Weinteig
- Gefüllte Schinkensäckchen
- Rieslingkäse mit Schwarzer Nuss

Amuse Gueule
Markus Plein

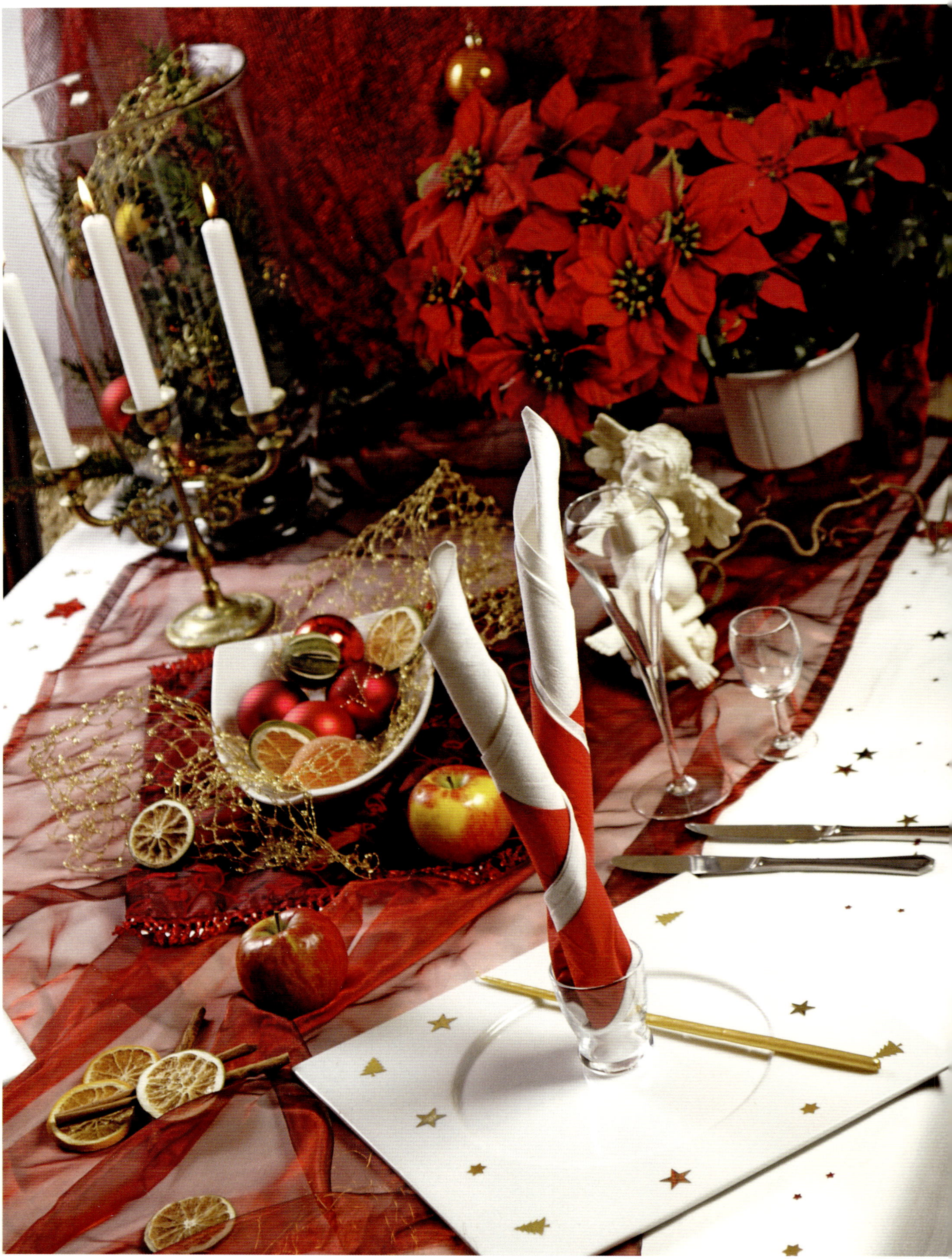

Dekoration Weihnachts-Tisch

Verwendetes Material

- weiße Tischdecke
- roter Chiffon
- goldfarbener Netzstoff
- Weihnachtsstern im Topf
- Korkenzieheräste
- großes Glasgefäß mit Tannenzweigen und Weihnachtskugeln
- weißer Porzellanengel
- frische Äpfel
- getrocknete Limonen- und Orangenscheiben
- Zimtstangen
- Dünne goldene Kerzen
- goldener Kandelaber mit weißen Tafelkerzen
- weihnachtlicher Goldflitter
- weiße Stoffservietten
- kleine Gläser als Serviettenhalter

Vorschläge für passende Gerichte

Weihnachts-Zeit

- Kartoffel-Sauerkrautsüppchen mit gebackener Blutwurst
- Kürbissüppchen mit gebratener Kürbis-Kartoffelrösti
- Dornfelder-Traubensüppchen mit Pilz Wan Tan
- Gefüllte Kartoffelrosette
- Kartoffel-Kürbisgnoccis mit Mini-Mangoldblättern
- Kartoffelkrapfen mit Spinat-Parmesanfüllung
- Halbflüssiger Schokoladenkuchen

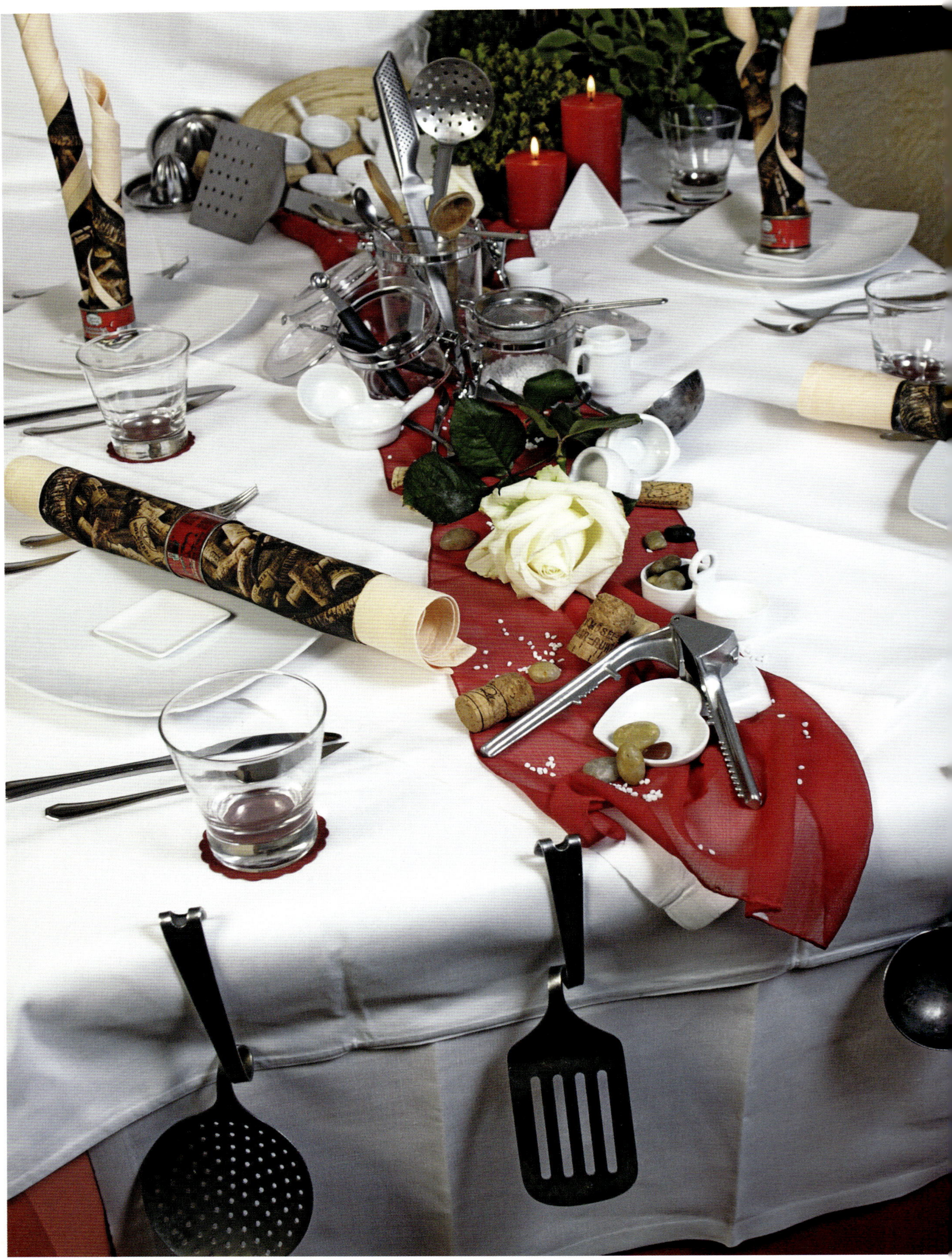

Dekoration Plein-Style-Tisch

Verwendetes Material

- weiße Tischdecke
- roter Chiffon
- weiße Rose
- Sekt- und Champagerkorken
- Kieselsteine
- Küchenutensilien
- weißes Kunststoffgranulat
- rote Kerzen
- Bambusschale
- Kräutertöpfchen
- lachsfarbene Servietten
- Papierservietten mit Korkendesign
- oben und unten aufgebördelte Tomatenmarkdöschen als Serviettenringe

Vorschläge für passende Gerichte

Plein Style

- Laksa
- Medley aus dem Meer
- Asiatisches Langustinocarpaccio
- Döppenlappes
- Gebohrtenen
- Kappestertisch mat Bouch
- Lammcarree mit Zucchinischuppen auf Ratatouillerosette
- Gefülltes Lammfilet auf Speckböhnchen mit Rosmarinkartöffelchen
- Lammcurry auf indischem Basmatireis

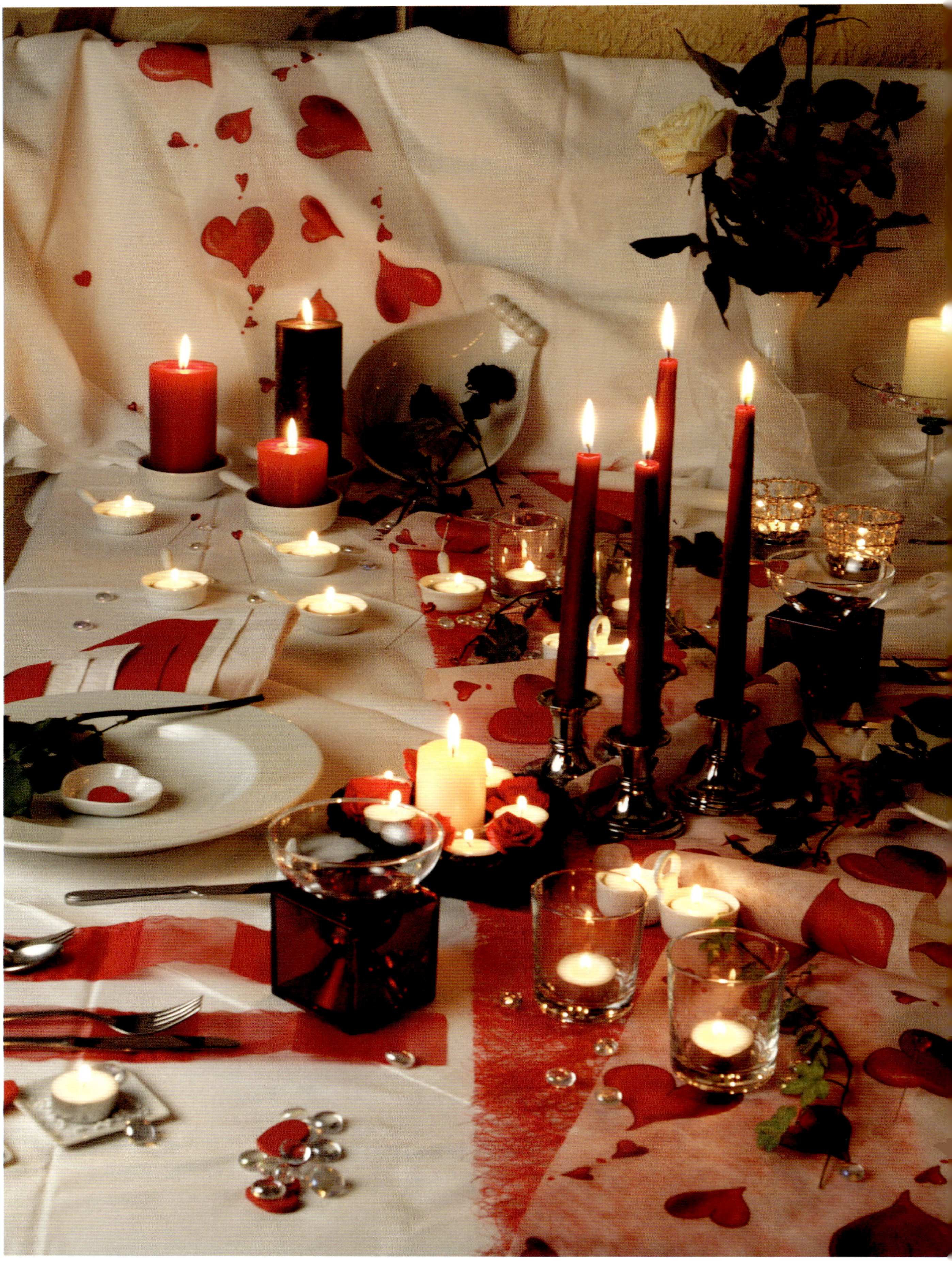

MOTTO-DINNER

Dekoration Candle-Light-Tisch

Verwendetes Material

- weiße Tischdecke
- weißer Chiffon
- rote Chiffonstreifen
- breites Dekoband mit Herzen
- rotes Faserseidenband
- weiße, gläserne und silberne Teelichthalter
- hellrote und dunkelrote Stumpenkerzen in weißen Haltern
- rote Tafelkerzen in silbernen Haltern
- frische rote Rosen
- frischer Efeu
- getrocknete Rosen
- Glas-Dekosteine
- Dekonadeln mit Herzchenkopf
- Filzherzchen
- Schale mit Moos und Rosenköpfen
- Porzellan-Messerbänkchen
- weiße Blumenvase mit Rosen
- weiße Stoffservietten
- rote Papierservietten

Vorschläge für passende Gerichte

Candle-Light

- Mini-Muscheltopf
- Kleine Austernravioli in einem Parmesan-Tomatensud
- Jakobsmuschelcarpaccio mit Salbeipesto und Parmesanschinken
- Walnüsschen mit hausgemachtem Käse gratiniert
- Schwarze Nuss Mille feuille
- Wan Tan Käsepraline
- Bries-Nierenpfännchen
- Gebratene Leber auf Kartoffel-Apfelschnee mit glasierten Äpfelchen und Röstzwiebeln
- Gänsestopfleber im Gewürzgelee

Amuse Gueule
Markus Plein

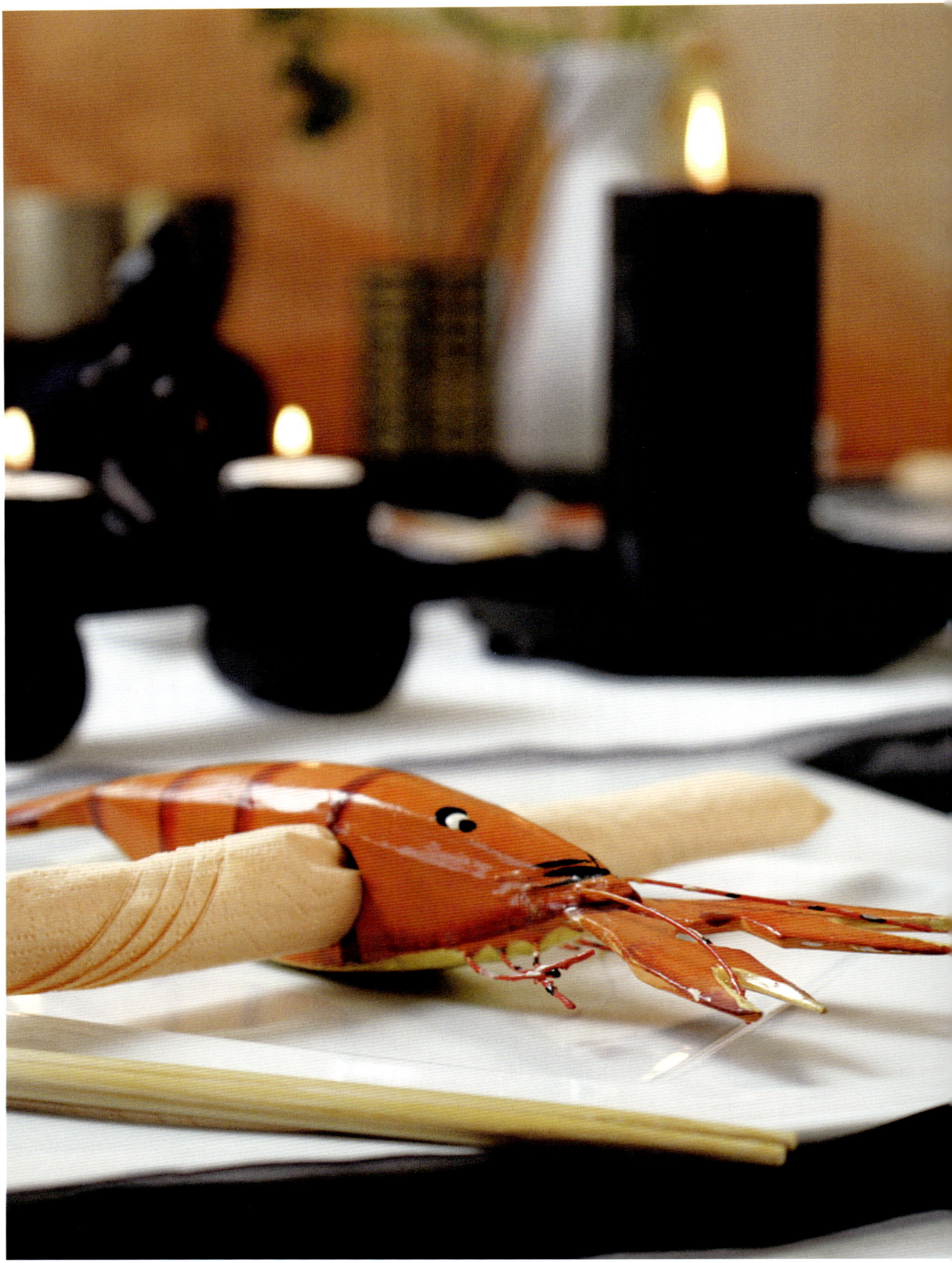

MOTTO-DINNER

Dekoration Asia-Tisch

Verwendetes Material

- weiße Tischdecke
- schwarzer Chiffon
- schwarze Kerzenhalter
- schwarze und weiße Stumpenkerzen
- Buddha-Figürchen
- Weißes Miniporzellan
- Klangschale
- Räucherstäbchen
- Serviettenhalter „Hummer"
- weiße Blumenvase
- frische Schnittblumen mit orangefarbenen Blüten
- lachsfarbene Papierservietten
- Holzstäbchen

Vorschläge für passende Gerichte

Asiatisch

- Garnelen im Kartoffelmantel mit Tandoorisauce
- Hummergratin auf frischem Spargelragout
- Shrimpssülzchen mit Tomaten-Estragonvinaigrette
- Sushirolle
- Wan Tan Nudeln asiatisch
- Sushi im Carpaccio
- Laksa
- Medley aus dem Meer
- Asiatisches Langustinocarpaccio

Amuse Gueule
Markus Plein

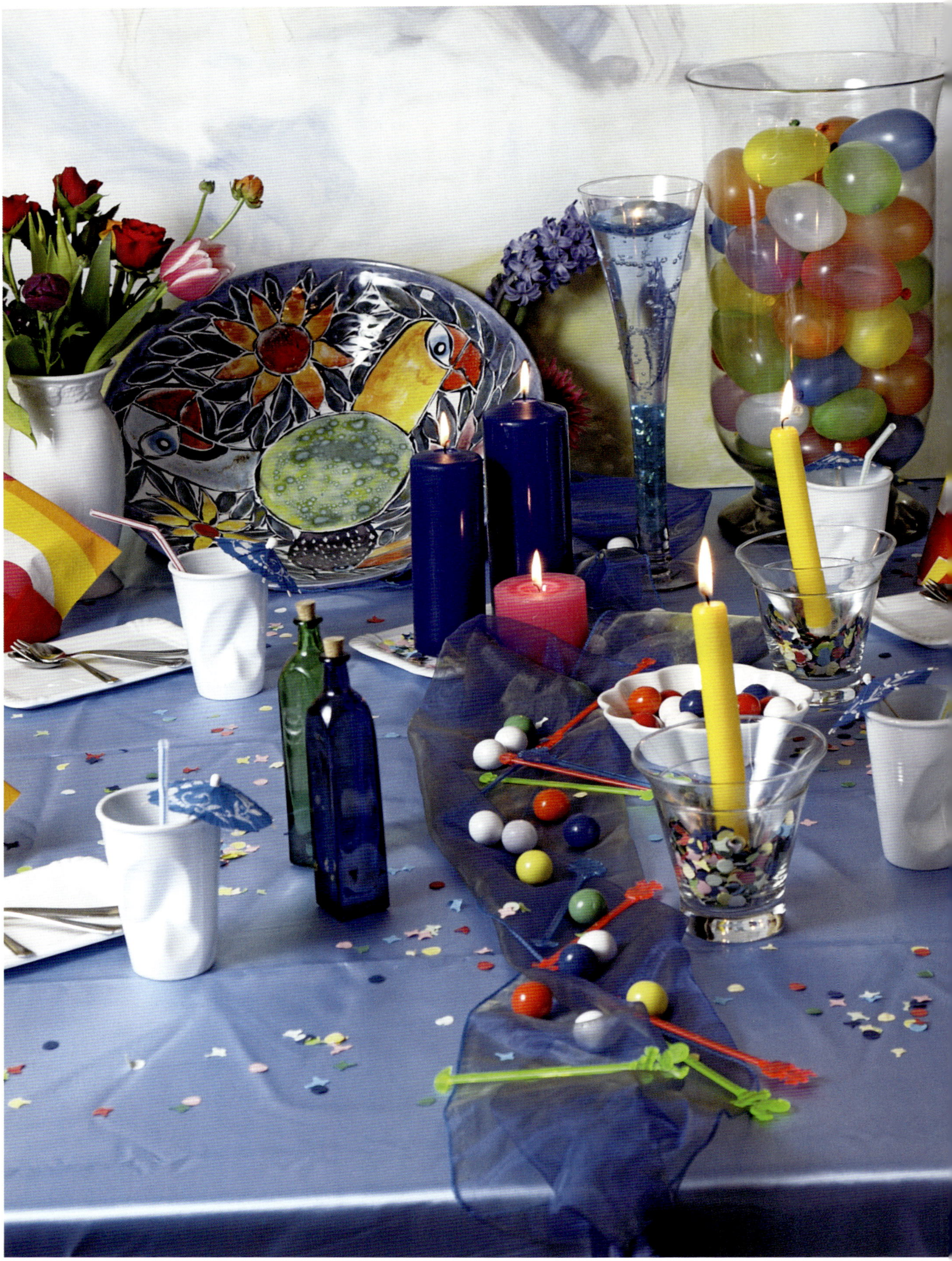

Dekoration Party-Tisch

Verwendetes Material

- blaue Tischdecke
- hellblauer Chiffon
- große Glasvase mit gefüllten Wasserbomben
- bunte Dekokugeln (alternativ Kaugummikugeln)
- Konfetti
- bunter Blumenstrauß
- Champagnerflöte mit blauer Gelkerze
- blaue und pinkfarbene Stumpenkerzen
- gelbe Tafelkerzen
- als Kerzenhalter: zwei ineinander gestellte Gläser, von denen das untere mit Konfetti gefüllt wird
- bunte Cocktailspießchen
- blaue und grüne Glas-Dekoflaschen
- Papierschirmchen
- bunte Porzellanschale*
- bunte Papierservietten

*www.mariz-online.de

Geronimo und Chayenne Plein
[Eigene Herstellung]

Vorschläge für passende Gerichte

Party

- Orange-Basilikumsorbet auf Orangenfilets
- Thymian-Himbeersorbet auf Beerensalat
- Tomaten-Basilikumsorbet auf süßem Tomatenconfit
- Farfalle mit Speck-Parmesan-Sahnesauce
- Schlutzkrapfen
- Gratinierte Makkaroni mit frischem Trüffel
- Feigentarte mit Glühweinzabaione
- Apfel-Rosinenstrudel mit Rosinen-Rum-Vanilleeis
- Quittenconfit im Süßkartoffel-Gnocchiteig auf

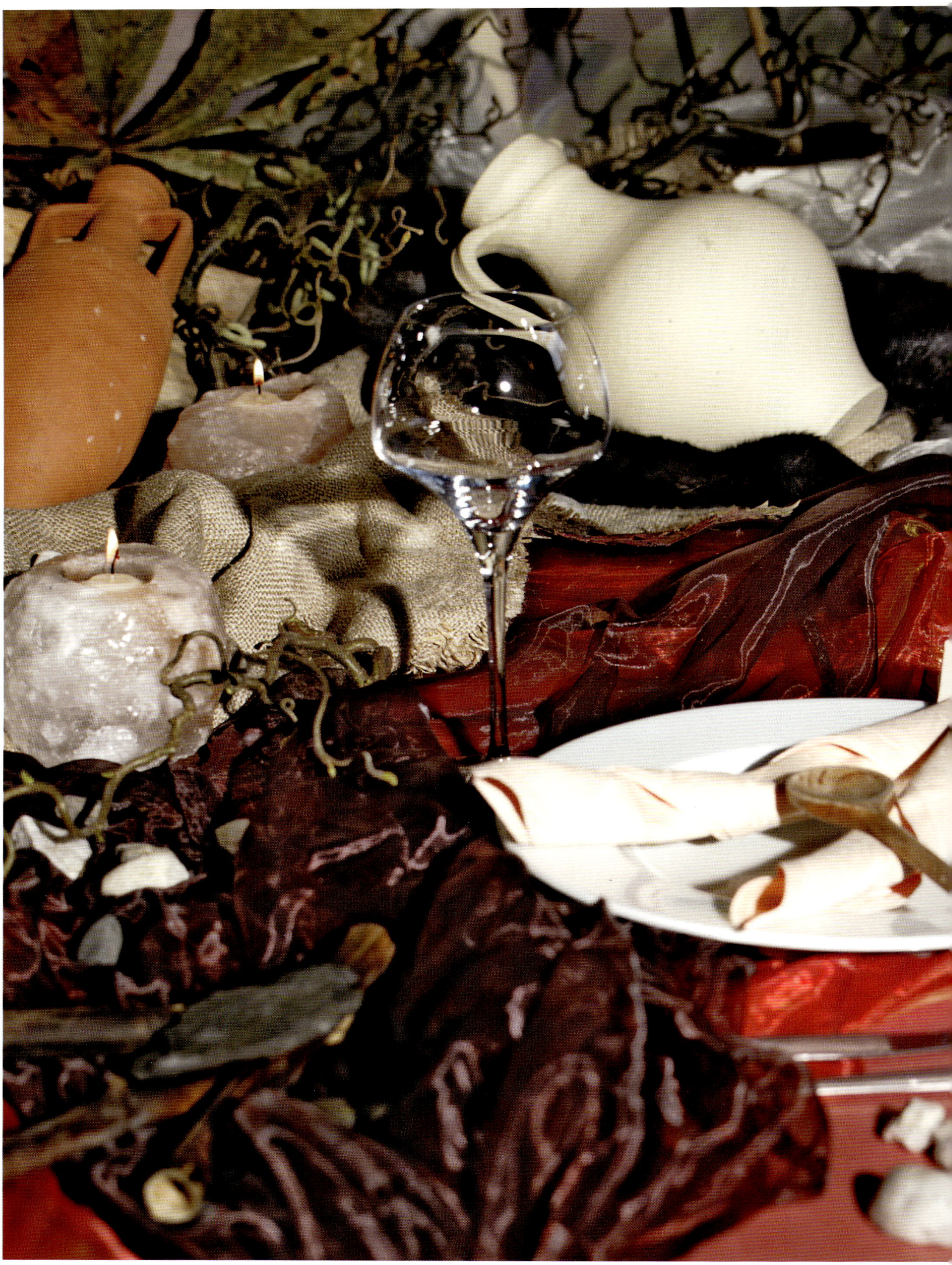

MOTTO-DINNER

Dekoration Rustikaler Tisch

Verwendetes Material

- rote Tischdecke
- roter, brauner und rohweißer Chiffon
- Sackleinen
- Schiefersteine
- Kieselsteine
- Holzröhrchen
- Korkenzieheräste
- Laub
- Tongefäße
- Salzkristallkerze
- dunkelbraune Stumpenkerzen
- frische Zweige mit Blättern
- lachsfarbene Stoffservietten
- Holzkochlöffel

Vorschläge für passende Gerichte

Rustikales

- Rehragout auf Schupfnudeln mit glasierten Walnüssen
- Wildschwein Mille feuille
- Hirschleber mit glasierten Äpfelchen und Röstzwiebeln
- Bunter Salat mit verschiedenen Waldpilzen
- Kartoffel-Sauerkrautsüppchen mit gebackener Blutwurst
- Serbische Bohnensuppe mit Cabanossiwürstchen
- Weinbergsfeldsalat mit Kartoffel-Speck-Kräuterdressing
- Schweinegeschnetzeltes auf Kartoffel-Speckrösti
- Gebackene Holunderblüten mit heißer Vanillesauce

Amuse Gueule
Markus Plein

SERVICETEIL

❋ *Plein–Sammelsurium*
❋ *Glossar*
❋ *Register von A – Z*

PLEIN-SAMMELSURIUM

* Sardinendose
* Tomatenmarkdose
* Metallsieb
* Tonschalen (Blumentopf-Untersetzer)
* Mini-Einmachglas
* Holzkochlöffel
* Mini-Blumentopf aus Ton
* Keramik-Becher
* Kokosnuss-Schale
* Untersetzer aus Holzstäben
* Zierkürbis-Schale

Verwendetes Porzellan

www.holst-porzellan.de

Verwendetes Glas

www.arcoroc.com

Amuse Gueule
Markus Plein

Glossar

Glasieren:
Überziehen von süßen Speisen, meist Kuchen und Torten, mit Zuckerguss oder Schokolade, um Geschmack und Dekor zu geben.

Glacieren:
Übergießen von Braten mit entfettetem Fond, um beim Erhitzen Farbe und Glanz zu geben. Kalte Gerichte mit einer Glace überziehen, die ausschließlich erstarrt, glänzt und ein Austrocknen verhindert.

Reduzieren:
Einkochen, verringern einer Flüssigkeitsmenge durch leichtes Kochenlassen.

Nappieren:
Überziehen von Speisen mit einer Soße

Passieren:
Eine Flüssigkeit, die auch gegarte Bestandteile enthalten kann, durch ein feines Sieb oder durch ein Tuch gießen, streichen oder drücken.

Mehlieren: Speisen in Mehl wenden

Parieren:
Zurechtschneiden, überflüssige Fleisch- und Fettteile wegschneiden

Plattieren:
Fleisch klopfen, um das Gewebe zu lockern

Tomatisieren:
Mit Tomatenmark abglacieren

Parisienneausstecher: Kugelausstecher

Wan Tan: Wasser-Reisteig

Zestilieren:
Mit einem Zestenreisser feine Streifen abziehen (z. B. Zitrusfrüchte)

Zestenreisser:
Ein Küchengerät zum Abziehen feiner Streifen (z. B. Zitrusfrüchte)

Abpassieren: siehe ‚Passieren'

Blanchieren:
Gemüse (z. B. Spinat) kurz kochen und anschließend in Eiswasser abkühlen

Karamellisieren: Zucker goldgelb erhitzen

Farce:
Fleisch, Fisch oder Krustentiere gut geschält, schnell mit Eiweiß und Sahne mixen und nach Belieben würzen.

Confit:
Konfieren bedeutet im ursprünglichen Sinne haltbar machen durch einkochen. Confits werden, abhängig von den verwendeten Zutaten, entweder gekocht oder kalt püriert.

Zur Rose binden:
Die punktgenaue Prüfung der Konsistenz bei erhitzten Eigelbmassen, die mit einem Holzlöffel gerührt werden. Bilden sich beim Pusten auf den Löffel Rosenfiguren (Wellen) ist die richtige Konsistenz erreicht.

REGISTER VON A - Z

A
Amaretti-Kaffeemousse
mit gebackener Hippe .... Seite 109
Apfelküchlein
mit einer Zimt-Mascarponesauce.......... Seite 110
Apfel-Rosinenstrudel
mit Rosinen-Rum-Vanilleeis............. Seite 102
Asiatisches Langustinocarpaccio .... Seite 46
Auberginen-Ratatouilleroulade............ Seite 9
Austernravioli in einem Parmesansud ...... Seite 24

B
Basilikum-Orangensorbet
auf Orangenfilets .... Seite 58
Basilikum-Tomatensorbet
auf süßem Tomatenconfit .... Seite 58
Bärlauchsüppchen
mit Bärlauch-Kartoffelroulade .... Seite 19
Blutwurst – gebacken
mit Kartoffel-Sauerkrautsüppchen .... Seite 30
Bries-Nierenpfännchen .... Seite 54
Bunter Salat mit verschiedenen Waldpilzen .. Seite 13

C
Cappucino, geeist .... Seite 108
Crêpe-Pilze à la Crème .... Seite 68
Currywurst mit Pommes .... Seite 52

D
Dornfelder-Traubensüppchen
mit Pilz Wan Tan...................... Seite 31
Döppenlappes......................... Seite 49
Dreierlei Paprikamousse
mit Tomatengelee-Schnittlauch Vinaigrette.. Seite 65

E
Eierlikörschaum
unter Schokolade-Kürbiskern Kegel .... Seite 104
Engelshaar in einem Gewürztraminergelee .. Seite 111
Entenleberparfait .... Seite 67

F
Farfalle mit Speck-Parmesan-Sahnesauce ... Seite 74
Fasan
mit süßem Kraut und Anna-Kartoffel...... Seite 92
Feigentarte zur Glühweinzabaione........ Seite 101
Früchteterrine mit Quarkzabaione .... Seite 7

G
Garnelen
im Kartoffelmantel mit Tandorisauce ...... Seite 40
Garnelen und Strauß-Koriander
Kartoffelmantel .... Seite 93
Cazpacho .... Seite 61
Gänsestopfleber mit Gewürztraminergelee .. Seite 60
Gebackene Holunderblüten
mit heißer Vanillesauce .... Seite 110
Gebohrtenen .... Seite 49
Gebratene Leber auf Kartoffelschnee
mit glasierten Äpfelchen .... Seite 55
    und Röstzwiebeln
Gebratene Scampi
auf grün-weißem Spargelragout.......... Seite 16
Gebratener Zander
auf Schnippelbohnen-Kartoffelpüree ..... Seite 83
Geeister Capuccino.................... Seite 108
Gefüllte Kartoffelrosette .... Seite 76
Gefülltes Lammfilet auf Speckböhnchen
mit Rosmarinkartöffelchen .... Seite 96
Gefüllte Minipaprika .... Seite 10
Gefüllte Schinkensäckchen .... Seite 79
Gemüseplätzchen
mit einer Kräuter-Tatarensauce.......... Seite 63
Gewürztraminergelee gefüllt mit Engelshaar . Seite 111
Glühweinzabaione mit Feigentarte....... Seite 101
Gratinierte Makkaroni mit frischem Trüffel . Seite 75
Grillspieß mit Curryrisotto.............. Seite 53
Gurken-Kartoffelsalat -
lauwarm, mit gegrilltem Hummer .... Seite 13

H
Halbflüssiger Schokoladenkuchen .... Seite 99
Hausgemachte Spaghettinudeln
im Steinpilz .... Seite 63
Hausgemachtes Tiramisu
auf einer Mokkasauce .... Seite 108
Himbeer-Thymiansorbet auf Beerensalat.... Seite 59
Hirschleber mit glasierten Äpfelchen
und Röstzwiebeln .... Seite 86
Holunderblüte – gebacken
mit heißer Vanillesauce .... Seite 110
Hummergratin auf frischem Spargelragout . Seite 39
Hummer – gegrillt
mit lauwarmem Kartoffel-Gurkensalat ..... Seite 13

141

Amuse Gueule
Markus Plein

I

Irish Stew .... Seite 72

J

Jakobsmuschelcarpaccio
mit Salbeipesto und Parmaschinken .... Seite 25

K

Kalbskopfcarpaccio
mit gebratenem Kalbskopf............ Seite 33
Kappestertisch mat Bouch............ Seite 48
Kartoffel-Gurkensalat -
lauwarm, mit gegrilltem Hummer .... Seite 13
Kartoffelkrapfen
mit Spinat-Parmesanfüllung........... Seite 77
Kartoffel-Kürbisgnocchis
mit Minimangoldblättern .... Seite 76
Kartoffelrosette - gefüllt............ Seite 76
Kartoffel-Sauerkrautsüppchen
mit gebackener Blutwurst .... Seite 30
Känguru aus der Jakobsmuschelschale ..... Seite 94
Käse Mille feuille mit Schwarzer Nuss ..... Seite 43
Käsepraline - gebacken,
mit Trockentomaten-Roquettesalat ...... Seite 14
Kleine Austernravioli
in einem Parmesansud .... Seite 24
Krokodilroulade
auf einem Bananen-Kokosnuss-Schaum .... Seite 94
Kürbiskern-Schokoladen-Kegel
auf Eierlikörschaum .... Seite 104
Kürbissüppchen
mit gebratener Kürbis-Kartoffelrösti ...... Seite 30
Kürbis süß-sauer eingemacht .... Seite 67

L

Laksa .... Seite 45
Lammcarree mit Zucchinischuppen
auf Ratatouillerosette .... Seite 95
Lammcurry auf indischem Basmatireis .... Seite 97
Lammfilet - gefüllt, auf Speckböhnchen
mit Rosmarinkartöffelchen........... Seite 96
Langustinocarpaccio - asiatisch......... Seite 46
Lauwarmer Kartoffel-Gurkensalat
mit gegrilltem Hummer .... Seite 13
Leber, gebraten auf Kartoffelschnee
mit glasierten Äpfelchen und Röstzwiebeln . . Seite 55

M

Mandarineneis aus der Mandarine........ Seite 106
Makkaroni, gratiniert mit frischem Trüffel . . Seite 75
Mariniertes Gemüse .... Seite 11
Mascarpone-Zimtsauce zu Apfelküchlein.... Seite 110
Medley aus dem Meer .... Seite 46
Meeresfrüchte-Seezungenterrine
auf Tomaten-Safran Fumet .... Seite 35
Mini-Muscheltopf................. Seite 23
Minestrone.................... Seite 70
Minipaprika, gefüllt .... Seite 10
Mini-Rinderroulade
mit kleinen blauen Kartöffelchen .... Seite 92
Minisandwich .... Seite 6
Mixed Pickles mal ganz anders .... Seite 66
Mokkasauce zu Hausgemachtem Tiramisu . . Seite 108

N

Nieren-Briespfännchen .... Seite 54

O

Orangen-Basilikumsorbet
auf Orangenfilets .... Seite 58

P

Paella .... Seite 60
Paprikamousse, dreierlei
mit Tomatengelee-Schnittlauchvinaigrette . . Seite 65
Passionsfrucht-Eis aus der Passionsfrucht ... Seite 106
Pilze à la Crème aus dem Crêpe .... Seite 68
Pilz-Rinder-Roulade .... Seite 69

Q

Quarkzabaione zu Früchteterrine .... Seite 7
Quittenconfit im Süßkartoffel-
Gnocchiteig auf Schokoladensauce....... Seite 103

R

Ragout fin aus dem Nussbrottopf........ Seite 90
Rebhuhn mit glasierten Trauben
und Rosmarinkartoffeln .... Seite 88
Rehragout auf Schupfnudeln
mit glasierten Walnüssen .... Seite 84
Rindercarpaccio
mit Kürbis-Limonenvinaigrette .... Seite 91
Rinder-Pilz-Roulade .... Seite 69

REGISTER VON A - Z

Rinderroulade - mini,
mit kleinen blauen Kartöffelchen .... Seite 92
Rinderzunge mit Meerrettichsauce
und Kartoffel-Rosmarinpüree .... Seite 92
Riesling-Käse mit Schwarzer Nuss .... Seite 80
Riesling-Schaumsüppchen
mit Trauben im Weinteig .... Seite 78
Rosinen-Rum-Vanilleeis
mit Apfel-Rosinenstrudel .... Seite 102

S
Sauerampfergnocchis
mit Roquefortsauce überbacken .... Seite 21
Scampi, gebraten
auf grün-weißem Spargelragout .... Seite 16
Schokolade Crème Brulée .... Seite 100
Schokoladenkuchen, halbflüssig .... Seite 99
Schokolade-Kürbiskern Kegel
auf Eierlikörschaum .... Seite 104
Schokoladen-Marmorsoufflé
mit Zitronengrassauce .... Seite 100
Schinkensäckchen, gefüllt .... Seite 79
Schlutzkrapfen .... Seite 74
Schnitzelchen mit Pommes frites .... Seite 90
Schweinegeschnetzeltes
auf Kartoffel-Speckrösti .... Seite 89
Schwertmuschelspieß
mit Zitronengrasbuttersauce .... Seite 62
Seezungen-Meeresfrüchteterrine
auf Tomaten-Safran-Fumet .... Seite 35
Serbische Bohnensuppe
mit Cabanossiwürstchen .... Seite 72
Shrimpssülzchen
mit Tomaten- Estragonvinaigrette .... Seite 41
Spaghettinudeln, hausgemacht im Steinpilz .. Seite 63
Spargelchatreuse .... Seite 15
Spargel im Blätterteig
mit Hollandaise überbacken .... Seite 17
Steinbutt mit Kartoffelschuppen,
Petersilienwurzelpüree und einer Nage ... Seite 82
Steinpilzcarpaccio .... Seite 69
Strauß und Garnelen-Koriander
Kartoffelmantel .... Seite 93
Sushi im Carpaccio .... Seite 28
Sushirolle .... Seite 28

T
Tafelspitzsülzchen
auf einem Tafelspitz Confit .... Seite 34
Thymian-Himbeersorbet auf Beerensalat ... Seite 59
Tiramisu,
hausgemacht auf einer Mokkasauce ...... Seite 108
Tomaten-Basilikumsorbet
auf süßem Tomatenconfit .... Seite 58
Trockentomaten - Roquettesalat
mit gebackener Käsepraline .... Seite 14
Trüffelrührei aus der Schale .... Seite 6

V
Vanillesauce, heiß
zu gebackener Holunderblüte .... Seite 110

W
Walnüsschen
mit hausgemachtem Käse gratiniert ..... Seite 43
Wan Tan - Nudeln asiatisch .... Seite 27
Wan Tan - Käsepraline .... Seite 43
Weinbergsfeldsalat
mit Kartoffel-Speck-Kräuterdressing ..... Seite 20
Wels in einem Wurzelsud .... Seite 83
Wildschwein - Mille Feuille .... Seite 86
Wildtaube auf Wirsinggemüse
mit Kartoffelraute .... Seite 87
Wurst aus dem Wok .... Seite 51

Z
Zander, gebraten auf
Schnippelbohnen-Kartoffelpüree .... Seite 83

Amuse Gueule
Markus Plein

Helping Hands

Philippa Weber - Dekoration

Ben Schillemann - Cook

Peter Bölinger - Cook

Georg Faber
Altes Weinhaus
Jakob Faber

Winfried und
Sigrid Reh
Weingut Reh

Stefan Rauen
Weingut
Walter Rauen

Nicole Königschulte - Dekoration

Thomas Schanz - Cook

Nicole Krames - Service

Paul Mayer - Lebende Weinkarte

Impressum

Das Werk einschließlich seiner Teile ist urheberrechtlich geschützt. Jede Verwertung außerhalb der engen Grenzen des Urheberrechtsgesetzes ist ohne schriftliche Zustimmung des Verlages unzulässig und strafbar. Das gilt insbesondere für Vervielfältigungen, Übersetzungen, Mikroverfilmungen und die Einspeicherung und Verarbeitung in elektronischen Systemen.

Idee und Text	Markus Plein
Lektorat	FEL!X AG
Cover/Satz/Layout	Markus Rühl www.xtrabiz.de Nyree Newton nyreenew@yahoo.de
Foodfotografie	Jens Christoph studio_christoph@yahoo.de
Foodstyling	Tino Kalning www.foodstylist.eu
Making-of-Fotos	Jens Christoph Tino Kalning
Druck und Verarbeitung	Gorenskij Tisk

©2009
Verlag J. Neumann-Neudamm
Schwalbenweg 1
34212 Melsungen
Tel. 05661 92 62 26
Fax 05661 92 62 20
www.neumann-neudamm.de | info@neumann-neudamm.de

Als Lizenzausgabe des Verlag FEL!X AG
Weingasse 1-2
D-54487 Wintrich
Tel 06534-94 87 911
Fax 06534-94 87 912
www.felix-ag.de | info@felix-ag.de

ISBN 978-3-7888-1260-7
Printed in the European Community

Restaurant Altes Kelterhaus, Wintrich